LEÇONS ÉLÉMENTAIRES

D'HARMONIE

PAR

JEAN QUILICHINI

ORGANISTE DE L'ÉGLISE PAROISSIALE DE SAINT-OURS DE LOCHES

(Indre-&-Loire)

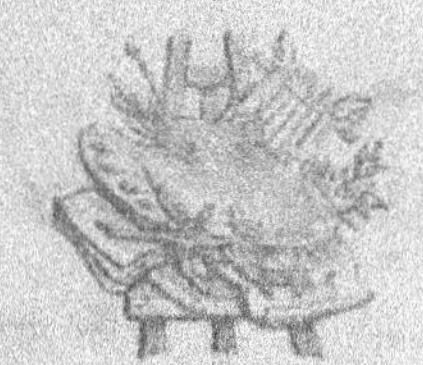

TOURS

IMPRIMERIE ET LITHOGRAPHIE JULIOT

33, Rue Royale, 33

1874

LEÇONS ÉLÉMENTAIRES

D'HARMONIE

PAR

JEAN QUILICHINI

ORGANISTE DE L'ÉGLISE PAROISSIALE DE SAINT-OURS DE LOCHES

(Indre-&-Loire)

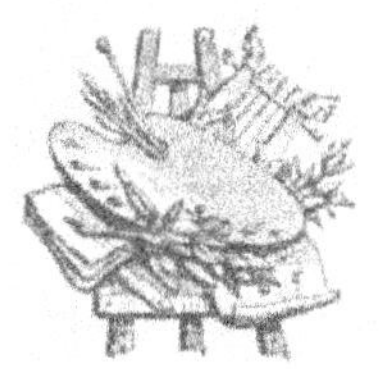

TOURS

IMPRIMERIE ET LITHOGRAPHIE JULIOT

53, Rue Royale, 53

—

1874

A Monsieur Charles PÉAN,

Hommage de ma vive reconnaissance.

Jean QUILICHINI

OBSERVATIONS PRÉLIMINAIRES

I

Un traité complet de musique devrait comprendre :

1° Une première partie, traitant de tout ce qui est relatif aux principes généraux, c'est-à-dire l'objet de la musique, son origine, ses moyens, la diversité des sons, la manière de les exprimer par des noms, la notation, les différentes gammes, les différents modes, les clefs, la transposition, la durée du son, la mesure, etc.;

2° Une seconde partie traitant de la succession des sons ou de la mélodie;

3° Une troisième partie traitant de la simultanéité régulière des sons ou de l'harmonie.

Nous n'avons à nous occuper ici que de cette troisième partie, l'harmonie, dont les pages qui suivent ont pour objet d'indiquer les principes généraux.

II

La partie de la science musicale que nous appelons harmonie a emprunté son nom à un mot grec Ἁρμονία. Ce nom aurait été celui d'une musicienne du roi de Phénicie laquelle aurait apporté en Grèce les premiers éléments de la musique. Toutefois le mot harmonie ne désignait pas alors autre chose que le chant simple, car on regarde comme établi que l'union simultanée des sons est restée à peu près entièrement inconnue des anciens qui ne semblent point avoir pratiqué rien de plus que la consonnance de l'octave.

En l'an 757 l'empereur Constantin VI envoyait au roi Pépin le Bref le premier orgue connu en France. Le roi reçut ce présent dans une assemblée de la nation à Compiègne et, à son tour, en fit don à l'église Saint-Corneille de cette ville.

Un autre orgue fut adressé à Charlemagne par l'empereur Constantin-Michel. Quoique l'usage de l'orgue n'ait commencé à devenir général dans nos églises et dans celles du reste de l'Europe qu'à l'époque de saint Thomas d'Aquin, c'est-à-dire vers l'an 1250, on doit supposer que la possession de cet instrument n'a pas été étrangère aux premières tentatives d'effets harmoniques.

Quelle que soit la valeur de cette hypothèse, nous trouvons à la fin du IXe siècle certains résultats obtenus en Flandre par Hucbald, moine de Saint-Amand, en Allemagne par Francon de Cologne, et chez nous par Remy, religieux de l'abbaye de Saint-Germain d'Auxerre, et par son élève Odon, né à Tours, devenu abbé de Cluny. Hucbald et Remy ont écrit sur la musique des traités que possède notre Bibliothèque Nationale. Ces premiers essais d'harmonie se bornaient à l'emploi de quelques consonnances.

Au XIe siècle, en Italie, le bénédictin Guido d'Arezzo introduisit l'usage des portées et y marqua les notes par des points, en en mettant plusieurs l'un au-dessus de l'autre quand il voulait établir plusieurs voix. On appela cela ensuite *contrapunctare*, d'où l'expression de contrepoint laquelle désigne encore aujourd'hui tout ce qui appartient à la partie harmonique de la composition musicale.

Jean Muris, ou de Murris, ou de Murs, chanoine de Paris, imagina vers l'an 1330 les différents signes qui indiquent la durée ou la quantité des notes. Mais l'harmonie se serait arrêtée peut-être longtemps encore aux formes élémentaires si, dès ce moment, quelques musiciens italiens n'eussent commencé à lui donner de la richesse et de la douceur. Mentionnons seulement François Landino, appelé par ses contemporains *Francesco d'egli organi* à cause de son habileté sur l'orgue, et aussi Jacques de Bologne.

Cent ans plus tard, les flamands Jean Ockenheim, maître de chapelle de Louis XI, et Guillaume Dufay, le français Gilles Binchois, l'anglais Dunstaple, amenèrent un grand progrès dans la science de l'harmonie.

L'Italie, au XVe siècle, nous offre d'abord le grand nom de Palestrina. Cependant la science musicale n'avait point pris définitivement son essor. Jusque là on n'avait fait usage que d'accords consonnants et de quelques prolongations qui produisaient des dissonnances préparées, mais sans principes fixes ni système possible. Il était réservé au vénitien Claude Monteverde (1) de savoir employer, pour la première fois, les accords dissonnants naturels. Vers 1590 il découvrit

(1) M. Savard, *Cours d'harmonie*, préface p. 18.

l'accord de septième de dominante dont l'usage devait opérer dans l'art musical une complète transformation. On peut dire que, dès lors, le secret de la musique moderne était trouvé.

Ses progrès furent merveilleux.

En 1722 Rameau empruntant les résultats d'une expérience antérieure laquelle avait fait reconnaître que la vibration d'une corde donnait, outre le son pricipal, la sensation de l'accord parfait majeur, développa les conséquences de cette découverte et en tira une théorie qu'il appela *Système de la basse fondamentale* et d'où il tirait la génération et la liaison des accords. Ce fut aussi Rameau qui trouva le mécanisme des renversements. Depuis, la doctrine de Rameau a été développée par Reicha.

En Allemagne Kirnberger découvrait, avec la théorie des prolongations des sons, le moyen d'expliquer certaines harmonies par des lois qui, sans lui, resteraient peut-être encore incompréhensibles. Catel fit connaître chez nous, tout en la simplifiant, cette théorie que Fétis a ensuite complétée.

Depuis tous ces grands travaux bien des traités d'harmonie ont été publiés. Pour la rédaction de l'œuvre absolument élémentaire que nous offrons à nos élèves, bien plus que nous n'oserions la présenter au public, nous avons consulté un assez grand nombre des cours ou traités connus en France, mais particulièrement les *Leçons de composition musicale* de Reicha et les ouvrages de M. Lemoine, de M. Bazin et de M. Savard.

Bien des emprunts ont été faits par nous à ces livres écrits à des points de vue différents, mais que, pour cette raison même entre autres, nous ne saurions trop conseiller à quiconque désire acquérir de la musique une connaissance approfondie.

III

Au premier abord on se demandera vraisemblablement quel intérêt peut s'attacher à un travail du genre de celui-ci, qui n'est, l'auteur le déclare lui-même, qu'une sorte de rapide synthèse, un résumé très-sommaire et tout éclectique écrit sur les données d'ouvrages en possession déjà eux-mêmes de la faveur du public et d'une grande autorité.

Peut-être, cependant, quelques réflexions justifieront-elles un pareil dessein.

C'est une chose reconnue qu'en France les études musicales n'atteignent point le niveau qu'on pourrait à bon droit désirer. En dehors des artistes qui font de la musique une carrière spéciale, il est rare de trouver dans le monde des personnes ayant une éducation musicale vraiment complète. Ce n'est pas que le goût de la musique manque chez nous, car on la fait apprendre à presque tous les enfants dont l'instruction est un peu soignée, et le piano ou l'orgue se trouvent dans presque toutes les maisons. Mais on n'arrive guère à former que des exécutants qui lisent une œuvre musicale et la traduisent sans la bien comprendre, sans être capables d'en analyser la mélodie, d'en chiffrer la basse. On apprend le mécanisme d'un instrument, mais on néglige les principes de la musique et surtout on en ignore la partie que nous désignons sous le nom d'harmonie, en sorte que souvent des personnes ayant sur le piano un jeu très-parfait ne pourraient détailler un accompagnement, pourraient moins encore exprimer sur l'instrument, en l'ornant d'une harmonie régulière, le chant qui leur viendrait à l'esprit. Nous sommes à cet égard bien inférieurs à certains peuples de l'Europe chez lesquels on n'enseigne pas la musique sans insister sur les principes généraux et spécialement sur les lois essentielles des combinaisons harmoniques.

Cette infériorité tient à ce que chez nous les principes généraux et l'harmonie n'ont guère été traités que dans des ouvrages volumineux, œuvres de science, inaccessibles au grand nombre, ou dans des ouvrages élémentaires non dépourvus de mérite, sans doute, mais obscurs, pauvres d'explications, supposant trop souvent familières au débutant des choses absolument ignorées ; dans ces résumés tout est exact, mais insuffisamment expliqué, et l'élève rebuté ne tarde pas à rejeter un livre qui ne lui présente qu'une étude laborieuse, aride et sans fruit.

Écrire des leçons d'harmonie très-simples et néanmoins offrant les choses essentielles, très-concises et pourtant aisées à comprendre, tel a été le but poursuivi dans ces pages modestes. Puissent-elles n'être pas trop au-dessous de l'intention qui les a inspirées ! Puissent-elles faire paraître aux personnes qui les liront le début de leurs études d'harmonie plus attrayant et plus facile ! S'il devait en être ainsi l'auteur craindrait moins de se voir taxer de témérité.

LEÇONS ÉLÉMENTAIRES

D'HARMONIE

PREMIÈRE PARTIE

CHAPITRE I

DE LA GAMME

Nous supposons que l'élève qui entreprend l'étude de l'harmonie connaît déjà les principes généraux de la musique; cependant il ne sera point inutile de rappeler ici quelques notions essentielles sur la formation de la gamme ou échelle des sons et sur la manière dont se détermine la tonalité.

Il y aurait erreur à croire que la gamme employée par les peuples européens est, à proprement parler, naturelle, c'est-à-dire répond, exclusivement à toute autre gamme, aux besoins du sens auditif. Constituée peu à peu par des essais qui ont duré jusqu'aux temps modernes, elle nous paraît la seule possible parce que notre oreille y est habituée. Mais les Grecs et les Romains dans l'antiquité avaient une autre échelle musicale; les Celtes possédaient aussi la leur, si l'on en juge par quelques chants de notre vieille Bretagne et par ceux des Écossais et des Irlandais. Les Indiens, les Chinois ont leur gamme; les Turcs, les Arabes en ont une différente; et de même que nous ne supportons pas la musique de ces peuples la nôtre leur paraît extrêmement désagréable (1). Toutefois on peut dire que si notre gamme n'atteint pas à la perfection elle l'emporte néanmoins, et de beaucoup, sur toutes les autres, parce qu'elle se fonde en général sur les lois mathématiques des vibrations et qu'elle semble engendrée par les rapports que nous fournit l'acoustique.

(1) Fétis, *La musique mise à la portée de tout le monde*, p. 25.

Gamme Majeure

Le Père Mersenne, en 1636, avait remarqué « qu'en faisant résonner une « corde, on entendait, outre le son principal résultant de la totalité de la « corde, deux autres sons plus faibles dont l'un était à la douzième et l'autre « à la dix-septième du premier, c'est-à-dire qui sonnaient l'octave de la « quinte et la double octave de la tierce..... » (1). Le même phénomène se produit chaque fois qu'on met en vibration la plupart des corps sonores, et seule, l'insuffisance de l'ouïe nous empêche de l'observer. Ces sons éveillés simultanément avec le son principal et qui se trouvent comme en état de parenté avec lui ont été appelés harmoniques (2).

Que sur le clavier d'un piano on fasse entendre la note *ut* ; en même temps une oreille *très-exercée* pourra reconnaître les sons harmoniques à la douzième et à la dix-septième du son principal, comme il est noté ci-dessous :

Supposons ces notes harmoniques *sol*, *mi*, un instant rapprochées autant que possible du son principal, on obtient les trois notes *ut*, *mi*, *sol*, qui forment une tierce majeure et une quinte juste.

Si maintenant au clavier on fait entendre la note *sol*, simultanément se produiront les harmoniques *ré*, *si*, d'où, en supposant le même rapprochement qui vient d'être dit, les trois notes *sol*, *si*, *ré*, où nous voyons encore une tierce majeure et une quinte juste.

Enfin fait-on entendre la note *ré*? On va produire avec elle les harmoniques *la fa* ♯, d'où, en admettant toujours le rapprochement du son principal, les trois notes *ré*, *fa* ♯, *la*, qui constituent aussi une tierce majeure et une quinte juste.

Réunissons toutes ces notes obtenues en prenant pour point de départ la note *ut* et, par une génération progressive de quinte en quinte, nous trouvons *ut*, *mi*, *sol*, — *sol*, *si*, *ré*, — *ré*, *fa* ♯, *la*, ou plus brièvement, en retranchant les

(1) Fétis, *loc. cit.*, p. 73.

(2) Les corps sonores en vibration produisent même plusieurs autres harmoniques au-dessus de la douzième et de la dix-septième ; mais on ne peut les distinguer qu'avec un instrument spécial appelé *résonnateur*. Il est permis de supposer que ces harmoniques, si on parvenait à les analyser, représenteraient notre gamme entière.

La voix humaine est très-riche en harmoniques ; viennent ensuite les cordes vibrantes.

notes doubles, *ut*, *mi*, *sol*, *si*, *ré*, *fa*♯, *la*, lesquelles rangées dans l'ordre de notre échelle musicale donnent ce qui suit :

C'est-à-dire la gamme de *sol* majeur.

En résumé, cela signifie que la gamme de *sol* majeur est engendrée par les trois notes *ut*, *sol*, *ré*, puisqu'entre ces trois notes elle ne contient que leurs harmoniques.

Par un procédé analogue on remontera facilement à la génération de la gamme type des autres gammes majeures, à savoir la gamme d'*ut*, qu'on reconnaîtra être produite par les trois notes *fa*, *ut*, *sol*. On arrivera de même aux notes génératrices d'une gamme majeure quelconque (1).

Pour rendre plus clairs encore ces prolégomènes essentiels, nous les résumons dans les propositions suivantes :

1° Étant donné une note quelconque, si l'on prend la quinte au-dessous et la quinte au-dessus de cette note, ces trois notes et leurs harmoniques produisent la gamme majeure de la première ;

2° Et comme la quinte inférieure d'une note n'est autre chose que sa quarte supérieure à l'octave, on peut dire qu'étant donné une note avec sa quarte et sa quinte supérieures, ces trois notes et leurs harmoniques produisent la gamme majeure de la première.

Enfin ces première, quatrième et cinquième notes génératrices de la gamme fixent son caractère essentiel et déterminent ce qu'on appelle sa tonalité (2).

Les recherches qui précèdent amènent à une autre constatation non moins importante.

Nous savons qu'on nomme accord l'union simultanée de plusieurs sons.

Or, dans chacune des expériences que nous venons de faire, la production concomitante du son principal et ses deux harmoniques, en d'autres termes, la réunion de la tonique, de la tierce majeure et de la quinte juste, a donné naissance à l'accord le plus doux pour l'oreille, l'accord par excellence, celui qu'on désigne sous le nom d'accord parfait.

Toute gamme majeure est donc produite par la formation successive de trois accords parfaits, de quinte en quinte.

(1) M. Savard, dans ses *Principes de musique*, p. [illegible] et [illegible], explique très-bien comment, par l'expérience indiquée au texte, on arrive à déterminer la génération de notre gamme majeure. Seulement il part de la résonnance de *fa* pour arriver à la gamme d'*ut*; il nous a semblé plus naturel de partir de la résonnance d'*ut* et de chercher ainsi où cela nous conduirait.

(2) Aussi les désigne-t-on sous les noms de tonique, sous-dominante et dominante.

Remarquons ici que, tandis que la *tonique*, la *sous-dominante* et la *dominante* déterminent le *ton* et sont chacune la fondamentale d'un accord particulier, le *mode* est constitué par la troisième note de la gamme ou *médiante* qui d'ailleurs n'a point d'accord à elle et fait seulement partie de celui de la tonique.

MM. Escudier, *Dict. de musique*, V° Dominante.

Gamme Mineure

On contestait jusqu'à ces derniers temps que la gamme mineure fût donnée, pour ainsi dire, par la nature elle-même comme la gamme majeure, parce que, disait-on, pour la formation de l'accord parfait mineur, on est obligé de supposer que, dans la résonnance d'un corps sonore, l'oreille entend une dix-septième mineure, c'est-à-dire une dix-septième plus basse d'un demi-ton que la dix-septième majeure entendue réellement. Par le rapprochement des trois sons présumés entendus, la dix-septième mineure devient une tierce mineure à la tonique et caractérise la gamme; mais on ne pouvait voir là qu'une formation toute artificielle.

Aujourd'hui la question semble résolue.

Des expériences récentes ont établi la résonnance de la douzième et de la dix-septième mineure, au-dessus du son principal, dans un cylindre de fer d'un mètre de longueur et de treize millimètres de diamètre suspendu verticalement par un fil.

Sans chercher davantage quels seraient les corps sonores qui produiraient au-dessus du son fondamental la douzième et la dix-septième mineure, prenons cette dix-septième obtenue même artificiellement, et voyons comment on a constitué la gamme mineure.

Au clavier d'un piano faisons entendre à la fois la note *la* et ses harmoniques *mi*, *ut* :

En rapprochant les notes *mi*, *ut* autant que possible du son principal, on obtient les trois notes *la*, *ut*, *mi*, qui forment une tierce mineure et une quinte juste.

Par le même procédé on obtient, au-dessus de la note *mi*, les notes *sol*, *si*, formant aussi une tierce mineure et une quinte juste.

Enfin sur la note *si* nous trouvons de même les notes *ré*, *fa* ♯, formant toujours tierce mineure et quinte juste.

Réunissons toutes ces notes en prenant pour point de départ la note *la*, retranchons les notes doubles et rangeons celles qui restent dans l'ordre de notre échelle musicale, nous arriverons à la gamme suivante :

C'est-à-dire à la gamme de *mi* mineur.

Par un procédé analogue, on remontera facilement à la génération de la gamme type des autres gammes mineures, à savoir la gamme de *la* qu'on trouvera être produite par les trois notes *ré*, *la*, *mi*.

Enfin, si l'on veut pousser plus loin encore les observations, on remarquera que si l'on continue la série, par quintes, des notes génératrices de la gamme majeure, par exemple cette fois la gamme d'*ut*, on arrive aux notes génératrices de la gamme mineure, en sorte que les deux gammes apparaissent comme liées par les rapports les plus intimes :

fa, *la*, *ut* ; — *ut*, *mi*, *sol* ; — *sol*, *si*, *ré* ;
ré, *fa*, *la* ; — *la*, *ut*, *mi* ; — *mi*, *sol*, *si*.

Ainsi on s'explique comment la gamme d'*ut* majeur et celle de *la* mineur se trouvent en état d'étroite affinité et constituent ce que les musiciens appellent deux *tons relatifs*.

Cette observation et celles qui précèdent nous seront d'une grande utilité plus tard pour la complète intelligence des *modulations*.

Mais revenons spécialement à notre gamme mineure.

Dans les expériences que nous avons faites ci-dessus pour en découvrir l'origine, la production concomittante du son principal et de ses deux harmoniques, en d'autres termes, la réunion de la tonique, de la tierce mineure et de la quinte juste, a donné naissance à un second accord parfait que l'on appelle accord parfait mineur.

Toute gamme mineure est donc produite par la formation successive de trois accords parfaits mineurs.

Mais, en réalité, nous n'employons pas la gamme mineure telle qu'elle vient d'être énoncée.

Comme dans son état de formation régulière elle ferait entendre absolument les mêmes sons que la gamme majeure dont elle est le *relatif*, par exemple ci-dessus la gamme de *mi* mineur ferait entendre tous les sons de la gamme de *sol* majeur, il pourrait en résulter une confusion pour l'oreille. Afin d'obvier à cet inconvénient, on a pris le parti d'élever accidentellement la septième note de la gamme mineure qui, en ne se trouvant plus qu'à un demi-ton de la tonique, tend à s'y résoudre, en d'autres termes devient la note *sensible* et fixe de la tonalité.

Concluons.

Notre échelle musicale est le résultat d'une filiation régulière où nous voyons également se produire, à diverses reprises, l'effet harmonique le plus complet.

Nous examinerons plus tard quelles conséquences on tire de ces faits primordiaux; mais, dès à présent, ils nous font pressentir que cette partie de la musique qu'on appelle l'harmonie doit être subordonnée à des règles précises qui ne laissent place ni à l'arbitraire, ni au hasard.

CHAPITRE II

DES INTERVALLES

L'unisson est le rapport de deux sons égaux quant à leur degré d'élévation.

L'intervalle est le rapport de deux sons inégaux.

En d'autres termes, l'intervalle est la distance qui existe d'un son plus grave à un autre son plus aigu.

C'est donc une chose très-importante, en commençant l'étude de l'harmonie, que de se bien rendre compte de la valeur des différents intervalles.

Une première classification distingue les intervalles *majeurs*, *mineurs*, *diminués*, *augmentés*.

Mais ici, laissons parler un maître, le savant Fétis :

« Un intervalle réduit à sa plus petite dimension et dans lequel on ne trouve que les signes d'un ton et d'un mode quelconque se désigne par l'épithète de *mineur*; le même intervalle dans sa plus grande dimension, relativement au ton, est *majeur*. Par exemple, l'intervalle d'*ut* ♮ à *ré* ♭ est une *seconde mineure*; celui d'*ut* ♮ à *ré* ♮ est une *seconde majeure*. Mais si par une altération momentanée qui n'est conforme à aucun ton on construit des intervalles plus petits que les mineurs et plus grands que les majeurs, on désigne le premiers par le nom de *diminués* et les autres par celui *d'augmentés*. Par exemple, l'intervalle d'*ut* ♯ à *fa* ♮ est une *quarte diminuée* qu'on ne peut considérer que comme une altération momentanée, car il n'est aucun ton où *ut* soit *diésé* tandis que *fa* ne l'est pas; par le même motif l'intervalle d'*ut* ♮ à *sol* ♯ est une *quinte augmentée* (1)... »

Sous un autre point de vue on divise les intervalles en *consonnant* et *dissonnants*.

Les intervalles *consonnants* sont ceux qui produisent sur nous une sensation agréable et douce et dont l'effet ne laisse rien à désirer. Les intervalles qui n'ont point cette qualité ou qui ne l'ont pas au même degré et dont l'effet exige une suite ou résolution s'appellent *dissonnances*.

On n'a pas encore déterminé d'une manière bien positive les causes qui font qu'un accord est plus ou moins agréable à l'oreille et constitue ce que nous appelons une consonnance ou au contraire une dissonnance. Tout porte à croire cependant que cette différence se rattache, comme beaucoup de phénomènes dans la nature, à une loi mathématique et tient à une relation plus ou moins simple dans lesquelles se trouvent, quant à leur nombre, les vibrations respectives des sons. Très-vraisemblablement les consonnances sont produites par des notes dans lesquelles le nombre de vibrations de l'une est réductible par le nombre de vibrations

(1) Fétis, *loc. cit.*, p. 65.

de l'autre, comme on le trouve par exemple entre les nombres 8 et 48, 6 et 72 ; tandis que, dans cette hypothèse, les dissonnances seraient produites par des notes entre lesquelles, quant au nombre de vibrations, il y a irréductibilité. C'est ce que l'on voit, par exemple, entre les nombres 6 et 20, 64 et 65, etc.

La classification des intervalles, au point de vue de la distance des sons, n'est pas donnée par tous les auteurs de la même manière. Nous avons adopté celle de Reicha laquelle nous a paru la plus simple et la plus vraie :

TABLEAU DES INTERVALLES AU POINT DE VUE DE LA DISTANCE DES SONS

SECONDES

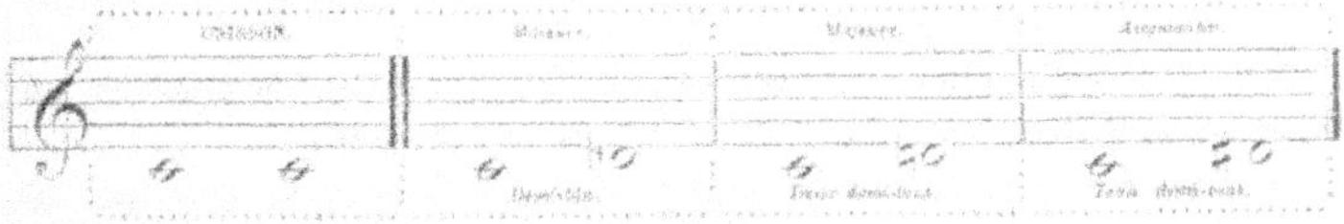

UNISSON.	Mineure.	Majeure.	Augmentée.
	Demi-ton.	Deux demi-tons.	Trois demi-tons.

TIERCES

Diminuée.	Mineure.	Majeure.	Augmentée.
Deux demi-tons.	Trois demi-tons.	Quatre demi-tons.	Cinq demi-tons.

QUARTES

Diminuée.	Juste.	Augmentée.
Quatre demi-tons.	Cinq demi-tons.	Six demi-tons.

QUINTES

Diminuée.	Juste.	Augmentée.
Six demi-tons.	Sept demi-tons.	Huit demi-tons.

SIXTES

Diminuée.	Mineure.	Majeure.	Augmentée.
Sept demi-tons.	Huit demi-tons.	Neuf demi-tons.	Dix demi-tons.

SEPTIÈMES

Diminuée.	Mineure.	Majeure.	OCTAVE.
Neuf demi-tons.	Dix demi-tons.	Onze demi-tons.	Douze demi-tons.

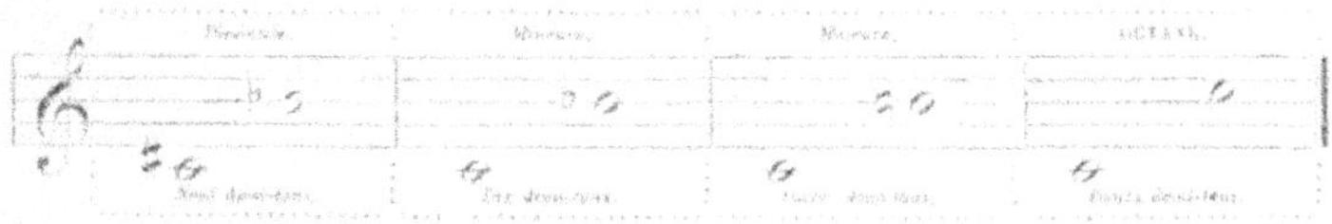

Remarquez que parfois deux intervalles de ce tableau diffèrent parfaitement entre eux quoiqu'ayant la même quantité de demi-tons. Il en est ainsi pour la *seconde augmentée* et la *tierce mineure*, pour la *tierce majeure* et la *quarte diminuée*.

Cela tient à ce que ces intervalles quoiqu'ayant, pour ainsi dire, en gros le même nombre de demi-tons, ne sont pourtant point composés de la même manière.

Dans la tierce mineure *ut mi* ♭, et dans la seconde augmentée *ut ré* ♯, *mi* ♭ n'est point comme on serait porté à le croire d'abord, la même chose que *ré* ♯, et dans le second cas, c'est-à-dire celui de la tierce majeure et de la quarte diminuée, *mi* ♮ n'est point la même chose que *fa* ♭.

Mais, par suite de l'emploi de certains instruments et surtout du piano, on a dû admettre ici la similitude du *mi* ♭ et du *ré* ♯, du *mi* ♮ et du *fa* ♭.

Seulement au piano les touches qui représentent à la fois deux notes sont *tempérées* et placées entre les deux notes réelles.

Quant à savoir quels sont les intervalles *consonnants* ou *dissonnants* nous nous contenterons d'indiquer seulement les premiers :

TABLEAU DES INTERVALLES CONSONNANTS

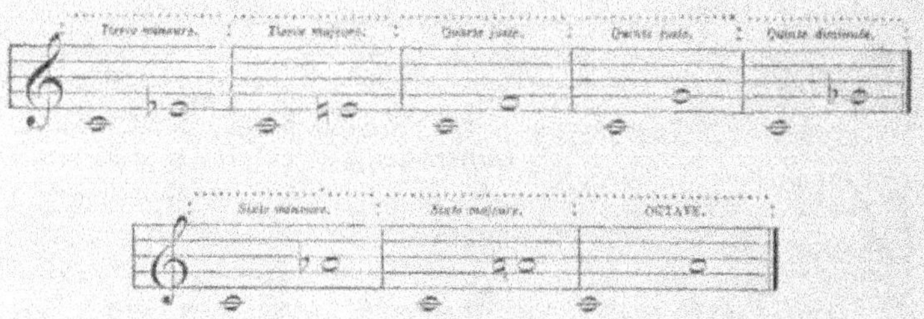

L'octave et la quinte juste sont des *consonnances parfaites*.

La tierce majeure, la tierce mineure, la sixte majeure et la sixte mineure sont des *consonnances imparfaites*.

La quarte juste est une *consonnance mixte*.

La quarte augmentée et la quinte diminuée sont des *consonnances attractives*.

CHAPITRE III

ACCORD PARFAIT MAJEUR.

Nous avons déjà vu que l'accord parfait majeur est produit par la réunion d'un *son fondamental* dit *tonique*, de la *tierce majeure* et de la *quinte juste* de ce son.

Cet accord, quand on le place sur la première note de la gamme, est dit accord de tonique.

« A l'audition de l'accord de tonique l'oreille éprouve une sensation agréable, un sentiment de satisfaction parfaite; elle n'a plus rien à désirer.... Les propriétés particulières que possède seul cet accord, ce caractère de quiétude, de conclusion, de repos qu'il offre, lui ont valu les noms d'*accord parfait*, *accord libre*, *accord de conclusion*, *accord de repos absolu* (1). »

C'est l'accord consonnant par excellence.

Le son fondamental ou toute autre note de l'accord peuvent être doublés à l'octave ou à des octaves successives, mais jamais à l'unisson. D'ailleurs on dispose et on écarte à volonté les notes de l'accord au-dessus de la basse.

Cette disposition des notes au-dessus de la basse, alors que celle-ci reste fixe, s'appelle *position*.

Quand par le doublement de la fondamentale de l'accord on a quatre parties, on peut donner à l'accord trois positions que l'on nomme ordinairement position de la tierce (A), position de la quinte (B) et position de l'octave (C); cependant, la première est la meilleure parce qu'elle donne l'octave à la partie haute (2) :

1re Position — 2e Position — 3e Position

(A) — (B) — (C) (3)

(1) M. Bernardin Rahn, *Journal de composition musicale*, 2e leçon, p. 12.

(2) C'est le cas de remarquer, avec l'auteur que nous venons de citer déjà, que l'accord de tonique offre encore plus complètement l'idée du repos absolu lorsque la note fondamentale se trouve non-seulement la note la plus basse de l'accord, mais de plus est répétée au-dessus de toutes les autres notes. Alors l'accord de tonique, avec sa note fondamentale aux deux extrémités, réunit au plus haut point les propriétés harmoniques consonnantes parfaites. — M. Bernardin Rahn, *loc. cit.*, 4e leçon, p. 28.

(3) M. Lemoine, *Cours d'harmonie*, p. 19.

Dans la gamme majeure la première, la quatrième et la cinquième notes du ton peuvent recevoir pour harmonie l'accord parfait majeur établi sur chacune de ces notes. Ce que nous avons dit à propos de la constitution de la gamme majeure explique très-bien pourquoi les trois notes ci-dessus acceptent un accord parfait :

Dans la gamme mineure, l'accord parfait majeur peut être placé sur la cinquième et la sixième notes :

Chiffrage.

Pour indiquer plus rapidement la composition d'un accord sans en écrire les notes Louis Viadana, maître de chapelle de la cathédrale de Mantoue, qui vivait au commencement du XVIIe siècle, imagina d'exprimer par des chiffres placés au-dessus des notes de la basse la composition de l'accord. Une basse ainsi surmontée de chiffres est ce que nous appelons en France *basse chiffrée.*

Mais on ne se contente plus de chiffres pour représenter les accords ; on emploie aussi des *accidents* et des *signes* placés sur les notes de la basse.

On prend pour chiffre d'un accord celui qu'indique l'intervalle caractéristique de cet accord. Par exemple nous désignerons l'accord parfait à l'aide du chiffre 5 qui représente la quinte :

Un accord peut aussi être représenté par plusieurs chiffres qui marquent alors plusieurs intervalles.

Si certains intervalles de l'accord ne peuvent s'obtenir que par l'effet d'un dièze, d'un bémol ou d'un bécarre, on place l'accident à la gauche du chiffre et il altère l'intervalle que le chiffre représente (A); — Si l'intervalle altéré est la *tierce*, l'accident seul marqué au-dessus de la basse, suffit pour désigner l'accord (B) :

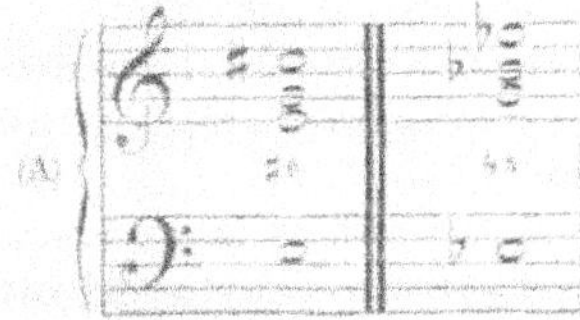

Outre les chiffres et les accidents, pour marquer les accords on emploie certains signes. La barre oblique — marque les intervalles diminués, la petite croix + marque les intervalles augmentés et la barre horizontale — est un signe d'abréviation. Elle se met après le chiffre représentant un accord pour indiquer que cet accord doit se continuer sur les diverses notes de la basse qu'elle se trouve couvrir.

Il est très-utile, quand on étudie l'harmonie, d'avoir une méthode de chiffrage. D'ailleurs remarquons que les auteurs sont loin d'être uniformes dans leurs indications à cet égard; en effet chaque école a eu des systèmes différents (1). Il suffit de s'attacher à la méthode d'un maître autorisé.

A mesure que nous aurons à parler d'un accord nous indiquerons comment on le chiffre.

Renversements de l'accord parfait majeur.

On dit qu'un accord est renversé quand sa note fondamentale n'est point à la basse.

Il ne faut pas confondre le renversement avec le simple changement de position dans lequel on garde toujours à la basse le son fondamental.

Quand la tierce de la note fondamentale est prise pour basse, on obtient le premier renversement de l'accord parfait.

En mettant à la basse la quinte du son fondamental, on obtient le second renversement :

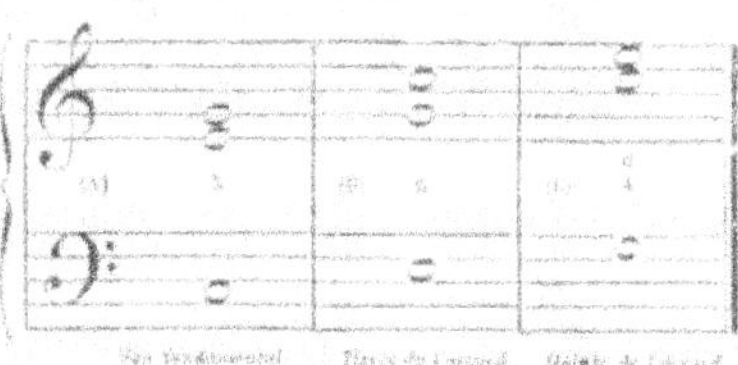

Ainsi on voit que, dans l'exemple qui précède, l'*accord parfait majeur* (A) étant donné ;

(1) Fétis, loc. cit., p. 71.

Son premier renversement (B) est composé d'une *tierce mineure* et d'une *sixte mineure;* il se nomme accord de *sixte mineure,* et se chiffre par 6 ;

Et son second renversement (C) est composé d'une *quarte juste* et d'une *sixte majeure.* Il se nomme accord de *quarte et sixte majeure* et se chiffre par $\frac{6}{4}$.

Les renversements et leurs positions, quoiqu'ils rappellent essentiellement l'accord d'où ils dérivent, ont cependant leur expression particulière; ils permettent de varier l'harmonie et facilitent les transitions.

L'accord parfait dont nous venons de donner pour exemple les renversements est l'accord de *tonique.* Il va sans dire que les renversements de tout accord parfait, établis sur une note quelconque, donnent les mêmes intervalles, portent le même nom et se chiffrent de la même manière.

Cela posé, observons que de même qu'on peut accompagner trois notes de la gamme majeure et deux notes de la gamme mineure avec l'accord parfait établi sur ces notes, ainsi chaque renversement peut former l'harmonie d'un nombre égal de notes dans chacune de ces gammes.

Le premier renversement de l'accord parfait majeur se place sur la troisième, la sixième et la septième notes du ton dans la gamme majeure :

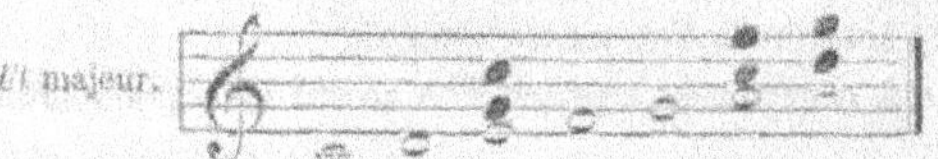

Et sur la première et la septième notes du ton dans la gamme mineure :

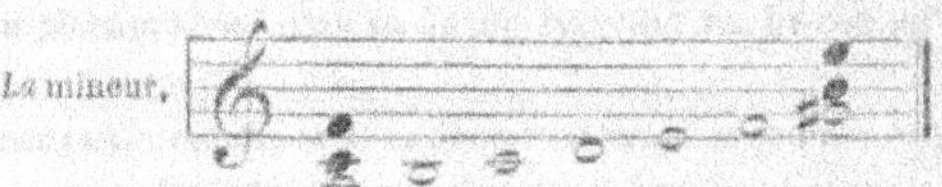

Le second renversement de l'accord parfait majeur se place sur la première, la seconde et la cinquième notes du ton dans la gamme majeure :

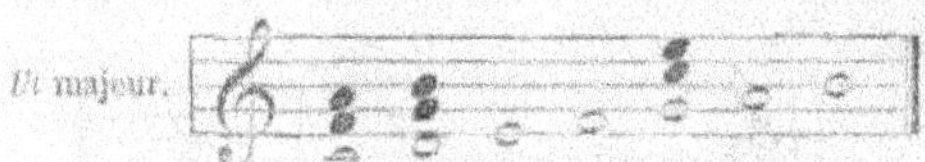

Et sur la seconde et la troisième notes du ton dans la gamme mineure :

CHAPITRE IV

ACCORD PARFAIT MINEUR

Il y a un second accord parfait que l'on appelle accord *parfait mineur*.

L'accord parfait mineur se compose d'un *son fondamental*, de la *tierce mineure* et de la *quinte juste* de ce son.

Cet accord se chiffre par 3.

Il ne diffère de l'accord parfait majeur que par la tierce qui est mineure (1).

De même que l'accord parfait majeur l'accord parfait mineur fait naître le sentiment du repos.

Le caractère spécial de cet accord, comme celui du mode auquel il appartient, est une teinte de douceur et de mélancolie. Il est à remarquer que la plupart de nos chants religieux sont dans le mode mineur. Même dans ses hymnes de triomphe, la foi chrétienne semble ne pouvoir se défendre d'une vague tristesse ; le bonheur de la terre ne lui suffit pas ; on dirait les joies toujours incomplètes d'un exilé qui attend la patrie.

Il y a lieu d'appliquer à l'accord parfait mineur ce que nous avons dit pour l'accord parfait majeur quant aux doublements des notes de l'accord et quant à la disposition variable de celles placées au-dessus de la basse.

L'accord parfait mineur se place dans la gamme majeure, sur la seconde, la troisième et la sixième notes du ton :

Et, dans la gamme mineure, sur la première et la quatrième notes :

Si nous faisions l'emploi de la gamme mineure dans toute sa pureté, un troisième accord parfait mineur pourrait être placé sur la dominante, ici sur la note *mi*. Seulement comme on a dû élever accidentellement la septième note du ton, l'accord

(1) M. Savard, *loc. cit.*, p. 41.

parfait mineur établi sur la dominante ferait perdre à la septième note du ton, ici au *sol* ♯ qui redeviendrait naturel, son caractère de note sensible et il en résulterait une sorte d'incertitude sur la tonalité.

Renversements de l'accord parfait mineur.

Quand la tierce de la note fondamentale est prise pour basse on obtient le premier renversement de l'accord parfait mineur;

En mettant à la basse la quinte du son fondamental on obtient le second renversement :

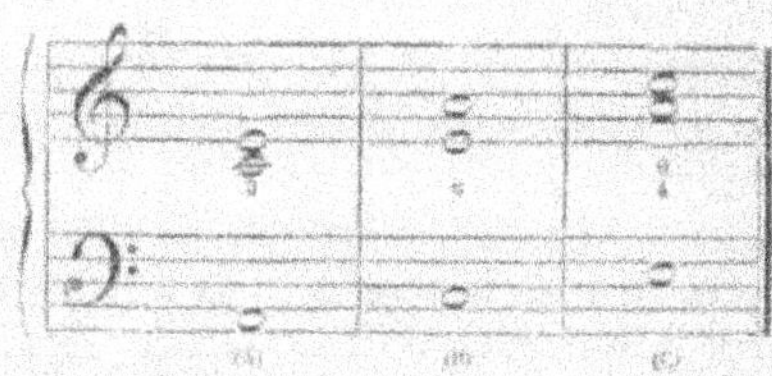

Ainsi on voit dans l'exemple qui précède que l'*accord parfait mineur* (A) étant donné :

Son premier renversement se compose d'une *tierce majeure* et d'une *sixte majeure*; il se nomme accord de *sixte majeure* et se chiffre par 6;

Et son second renversement est composé d'une *quarte juste* et d'une *sixte mineure*; il se nomme accord de *quarte et sixte mineure* et se chiffre par $\frac{6}{4}$.

Le premier renversement de l'accord parfait mineur se place, dans la gamme majeure, sur la première, la quatrième et la cinquième notes du ton;

Dans la gamme mineure il se place sur la troisième et la sixième notes :

Quant au second renversement il s'établit, dans la gamme majeure, sur la troisième, la sixième et la septième notes du ton :

Dans la gamme mineure il s'établit sur la première et la cinquième notes :

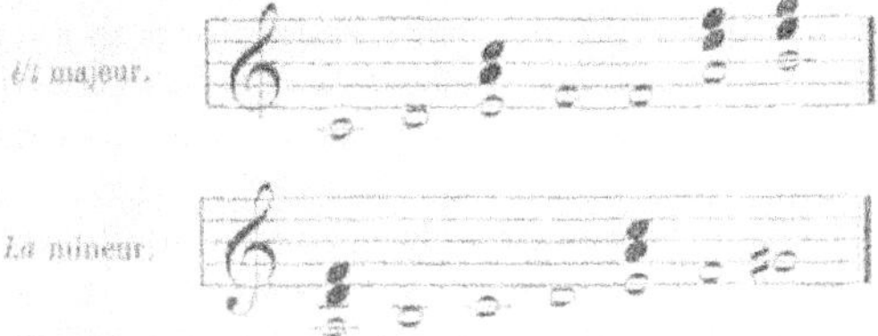

CHAPITRE V

ACCORD DE QUINTE DIMINUÉE.

Nous passons maintenant aux accords dissonnants.

« La dissonnance a pour effet, dit M. Savard, soit de préciser le caractère tonal des accords, soit de rendre plus vive, par une suspension momentanée, la sensation agréable que produisent les consonnances (1). »

Les accords dissonnants dans lesquels la dissonnance vient préciser le caractère tonal sont l'accord de quinte diminuée, l'accord de septième de dominante et ses dérivés.

Dans les autres accords dissonnants la dissonnance produit un effet de suspension.

Nous verrons que ces caractères différents entraînent leurs conséquences.

Quant à présent nous ne nous occuperons que de l'accord de quinte diminuée et de l'accord de septième de dominante, après l'étude desquels il nous faudra interrompre un instant la nomenclature des accords pour traiter de certaines règles qui dominent la composition de toute harmonie.

L'accord de quinte diminuée se compose d'un *son fondamental*, d'une *tierce mineure* et d'une *quinte diminuée* :

Cet accord se chiffre par $\not{5}$.

Il ne donne pas comme l'accord parfait le sentiment du repos ; il a même quelque chose de très-indécis et, par suite, précise très-faiblement la tonalité.

Au moyen âge le plain-chant repoussait complétement, dans l'harmonie, la réunion des deux notes *si* et *fa* :

(1) *Loc. cit.*, p. 135.

« *Si-fa! diabolus in musicâ!....* »

« *Si-fa!* c'est le diable dans la musique! »

On ne commença à employer ces deux notes simultanément qu'à la fin du XVIe siècle et cette innovation dut faciliter la découverte et l'admission de l'accord de septième de dominante dont nous avons déjà dit un mot dans nos observations préliminaires.

Plusieurs maîtres classent l'accord de quinte diminuée parmi les accords dissonants (1); d'autres, prenant en considération quelques affinités de sa structure avec celle de l'accord parfait et aussi un caractère incontestable de douceur, le rangent dans l'harmonie *consonnante* (2); mais en définitive la première de ces deux opinions nous semble la mieux justifiée.

Dans la gamme majeure l'accord de *quinte diminuée* s'établit sur le septième degré, le seul, ainsi que nous l'avons vu, qui ne reçoive pas d'accord parfait :

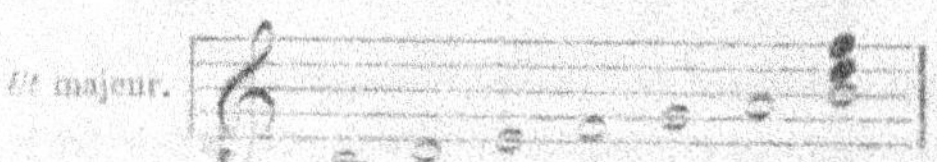

Et dans la gamme mineure il s'établit sur le second et le septième degrés :

Renversements de l'accord de quinte diminuée.

Étant donné cet accord dans son état naturel (A) :

Son premier renversement (B) est composé d'une *tierce mineure* et d'une *sixte majeure*. Comme le premier renversement de l'accord parfait majeur et de l'accord parfait mineur, il porte le nom d'accord de *sixte* et se chiffre par 6.

Son second renversement (C) est composé d'une *quarte augmentée* et d'une *sixte majeure*. Il porte le nom de *quarte augmentée et sixte* et, comme le second renversement de l'accord parfait majeur et de l'accord parfait mineur, il se chiffre par $\frac{6}{4}$:

(A) (B) (C)

(1) Entre autres Reicha, *loc. cit.*, p. 38.

(2) Notamment M. Savard, *loc. cit.*, p. 46. — M. Bazin, *loc. cit.*, p. 11.

Dans la gamme majeure il n'y a que le second degré qui puisse porter le premier renversement de l'accord de quinte diminuée.

Dans la gamme mineure il se place sur le second degré et sur le quatrième :

Quand au second renversement il s'établit, dans la gamme majeure, sur le quatrième degré.

Dans la gamme mineure il s'établit sur le quatrième degré et sur le sixième :

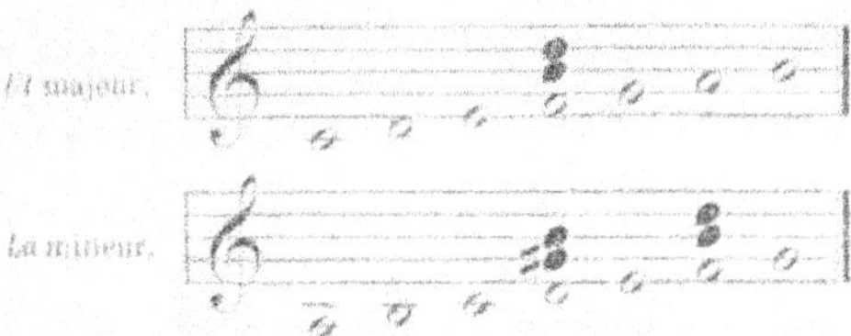

CHAPITRE VI

ACCORD DE SEPTIÈME DE DOMINANTE

C'est le deuxième accord dissonnant.

Cet accord s'établit sur le cinquième degré de la gamme majeure et de la gamme mineure.

Il se compose d'une *tierce majeure*, d'une *quinte juste* et d'une *septième mineure*.

Il se chiffre par $\frac{7}{+}$.

Son fondamental.

Nous avons remarqué déjà que ce fut Monteverde qui, à la fin du XVIe siècle, fit usage pour la première fois de cet accord dont l'admission dans l'harmonie devint une véritable révolution musicale. En effet, la faveur obtenue par l'accord de septième de dominante, celui qui confirme le plus énergiquement la tonalité, après l'accord de quinte diminuée le plus doux des accords *dissonants*, entraîna définitivement l'emploi, jusque-là très-restreint, des dissonances et on en vit résulter, dans les compositions, un accent de passion que ne possédaient pas les œuvres anciennes. Cette cause a beaucoup contribué au développement de la musique dramatique.

L'accord de septième de dominante est de beaucoup le plus important des accords dissonnants. Il appartient en même temps aux deux modes, ce qui n'empêche pas qu'il ne détermine d'une manière indubitable la tonalité de laquelle il relève :

Dans la gamme majeure, comme dans la gamme mineure, l'accord de septième de dominante ne se place que sur la dominante :

Renversements de l'accord de septième de dominante.

Étant donné cet accord dans son état naturel (A) :

Son premier renversement (B) se compose d'une *tierce mineure*, d'une *quinte diminuée* et d'une *sixte mineure*; — il porte le nom d'accord de *sixte* et de *quinte diminuée* et se chiffre par $^{6}_{5\flat}$.

Son second renversement (C) se compose d'une *tierce mineure*, d'une *quarte juste* et d'une *sixte sensible* et se chiffre par + 6.

Son troisième renversement (D) se compose d'une *seconde majeure*, d'une *quarte augmentée* et d'une *sixte majeure*; — il porte le nom de **triton** (1) et se chiffre par + 4 :

(1) A cause des six demi-tons ou *trois tons* contenus dans l'intervalle de *quarte augmentée*.

Le premier renversement de l'accord de septième de dominante se pose dans la gamme majeure et dans la gamme mineure sur le septième degré :

Le second renversement se pose dans la gamme majeure et dans la gamme mineure sur le second degré :

Le troisième renversement se pose dans la gamme majeure et mineure sur le quatrième degré :

CHAPITRE VII

ENCHAINEMENT DES ACCORDS

Les sons isolés dans la mélodie, les accords pris séparément dans l'harmonie, remplissent le même rôle que les mots dans le discours. On ne saurait donc les placer les uns à la suite des autres au hasard, en des combinaisons toutes fortuites. L'enchaînement des accords est soumis à certaines règles dont il importe de se bien pénétrer.

Comme règle toute pratique on peut adopter :

Qu'en général deux accords s'enchaînent l'un à l'autre chaque fois qu'appartenant à la même gamme ils se trouvent avoir une ou plusieurs notes communes.

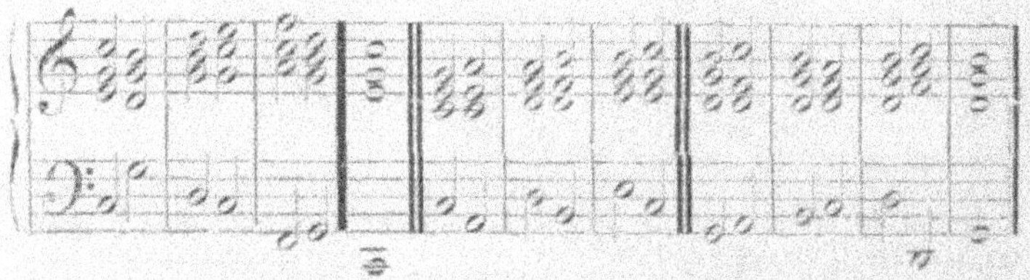

Les notes communes sont presque toujours le lien des accords ; elles servent entre eux de transition. L'oreille, en retrouvant dans un accord une ou plusieurs notes de l'accord précédent, passe pour ainsi dire sans le remarquer dans cette nouvelle combinaison harmonique. Les effets se succèdent, ils varient, mais comme s'ils découlaient l'un de l'autre, obéissant aux lois dont la nature et nos habitudes musicales nous ont donné l'instinct.

Toutefois la règle ci-dessus, qu'il est bon de garder pour la pratique élémentaire et comme une sorte de moyen mnémotechnique, serait fort insuffisante ; elle ne donnerait qu'une explication très-incomplète de l'enchaînement des accords puisque, comme nous allons le voir, certains accords qui n'ont qu'une seule note commune présentent une liaison beaucoup plus parfaite que d'autres qui en ont deux. Quelquefois aussi on enchaîne l'un à l'autre des accords qui cependant n'ont pas de note commune.

Il est donc essentiel de rechercher, en ce qui concerne l'enchaînement des accords, des règles moins superficielles et puisées dans la nature même des combinaisons harmoniques.

Enchaînement des accords consonnants.

1° Deux accords parfaits, dans une gamme, s'enchaînent très-naturellement lorsqu'ils ont entre eux des rapports de parenté.

Si l'on se rappelle la génération des gammes majeure et mineure constituées par l'accord parfait établi sur des quintes successives qui ont donné la *tonique*, la *dominante* et la *sous-dominante*, on concevra que deux accords doivent s'enchaîner aussi bien que possible lorsque leur basse marche :

A la *quinte supérieure* ou à la *quarte inférieure* ;

A la *quarte supérieure* ou à la *quinte inférieure*.

Les exemples suivants donnés par M. Lemoine (1) expliquent très-bien cette première catégorie d'enchaînements :

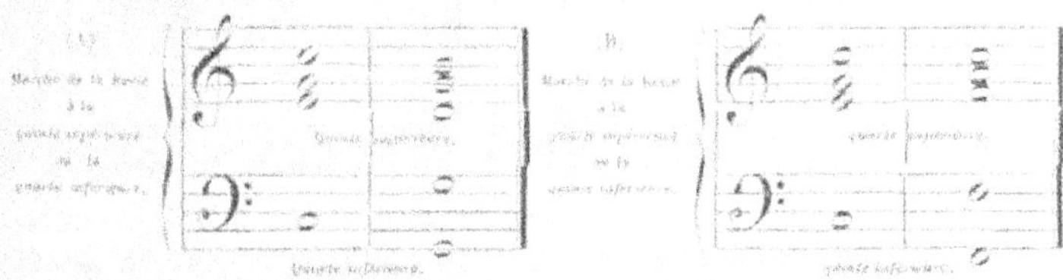

Dans ces successions d'accords parfaits il n'y a entre les accords qu'une note commune.

2° Indépendamment de ces rapports de parenté entre les accords générateurs d'une même gamme, il y a entre les accords parfaits d'autres relations provenant plus particulièrement de l'identité des éléments qui les constituent. Ainsi arrive-t-il par exemple, entre l'accord parfait d'*ut majeur* et celui de *la mineur* qui ont deux notes communes.

C'est sur ce principe de l'enchaînement par l'identité d'une partie des éléments constitutifs de certains accords qu'on en est arrivé à reconnaître que deux accords parfaits s'enchaînent encore lorsque leur basse marche :

A la *tierce inférieure* ou à la *sixte supérieure* :

Dans ces successions, comme nous venons de le dire, il y a entre les accords deux notes communes, et pourtant elles se lient moins complètement que celles ci-dessus (A) (B).

3° Enfin, et par exception, on peut rapprocher deux accords parfaits appartenant à deux gammes voisines, quoique non parentes, alors même que ces accords

(1) *Loc. cit.*, p. 26.

parfaits n'auraient point de notes communes. Ainsi il est permis quelquefois d'admettre la succession de *seconde majeure* :

Du *premier degré* de la gamme au *second degré*, et réciproquement ;

Du *cinquième* au *sixième degré*, et réciproquement ;

Du *quatrième* au *cinquième degré*, mais non réciproquement :

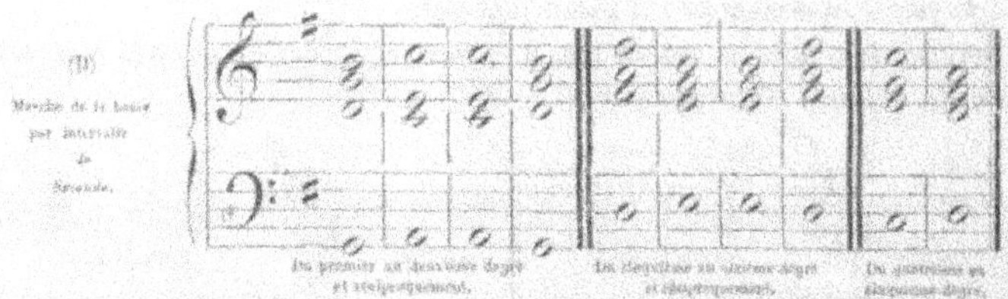

La liberté d'établir exceptionnellement de pareilles successions tient aux relations cachées qui existent ici entre les accords. Ainsi, par exemple, si allant du premier au deuxième degré on passe librement de l'accord parfait d'*ut* majeur à celui de *ré* mineur, cela tient aux rapports qui unissent le ton de *ré* mineur à son relatif majeur *fa*, lequel lui-même est en relation si étroite avec le ton d'*ut*. D'autre part si l'on peut passer de l'accord parfait établi sur la sous-dominante à celui établi sur la dominante, et cela quoique ces accords n'aient aucun rapport direct entre eux, c'est pour qu'ici on marche à la résolution de la dominante sur la tonique ; mais la succession inverse ne serait en rien justifiée.

Lorsque les accords s'emploient dans leurs renversements les notes fondamentales ne se trouvent plus placées à la basse. Ces renversements changeant la face d'un accord sans changer sa nature il est manifeste que la marche des notes fondamentales reste toujours la même.

C'est à Reicha que, cette fois, nous emprunterons un exemple :

(1)

Enchainement des accords dissonnants.

On dit généralement qu'un accord dissonnant doit être *préparé* afin qu'il ne vienne pas surprendre et blesser l'oreille. Cette préparation n'est autre chose que l'enchainement ou la liaison de l'accord dissonnant avec ceux qui le précèdent.

Ici la liaison se produit en faisant entendre d'abord, dans le premier accord, certaines notes qui doivent se trouver ensuite dans l'accord dissonnant. On comprend

(1) Reicha, *loc. cit.*, p. 28.

qu'il est important que ces notes, qu'on fait entendre d'avance, soient des notes caractéristiques de l'accord dans lequel on veut entrer.

Mais remarquons bien que tous les accords dissonnants n'ont pas besoin d'être *préparés*.

Lorsque la dissonnance a simplement pour effet de préciser plus ou moins le caractère tonal des accords, comme elle appartient en réalité au ton, aucune préparation n'est nécessaire.

Il en est autrement si la dissonnance tend à suspendre momentanément la tonalité ; alors elle représente un élément étranger à cette tonalité et quelques précautions deviennent indispensables pour l'y introduire.

Dans la première catégorie plaçons tout de suite les deux accords dissonnants dont nous nous sommes jusqu'à présent occupés : l'accord de *quinte diminuée* et l'accord de *septième de dominante*.

Le caractère mixte de l'accord de *quinte diminuée* permet de l'enchainer avec les accords parfaits à la quinte, à la quarte, à la tierce. A l'intervalle de seconde, il se lie très-bien avec l'accord parfait de la tonique :

Quant à l'accord de *septième de dominante*, si on réfléchit qu'on peut le décomposer en y trouvant la *dominante* et, au-dessus, l'accord de *quinte diminuée*, il sera facile de comprendre ses affinités avec tous les accords naturels de la gamme :

Dans cet exemple l'accord parfait mineur établi sur *mi* sixième note du ton de *sol* majeur n'a pas de note commune avec l'accord qui suit, c'est-à-dire avec l'accord de septième de dominante à son premier renversement. On a employé ce premier renversement pour éviter deux quintes consécutives *mi-si*, *sol-ré*, ce qui, ainsi que nous le verrons bientôt, est généralement défendu.

D'ailleurs nous traitons la question ici au point de vue des principes, car, en fait, dans la succession des accords parfaits et des accords de quinte diminuée et de septième de dominante la composition respective de ces accords entraine à ce qu'il y a presque toujours au moins une note commune.

Désormais, en parlant des accords dissonnants, nous dirons s'il est nécessaire de les préparer.

Observation sur l'enchainement des accords dans la gamme mineure.

Tout ce qui précède s'applique aux deux gammes sauf quelques difficultés de moins dans la gamme mineure par suite de sa constitution.

Ainsi, par exemple, dans la gamme mineure on pourra quelquefois revenir de l'accord de dominante à celui de sous-dominante, parce que ce dernier accord étant devenu mineur, le passage semble plus doux (1). Il y aurait donc lieu d'admettre la succession que voici :

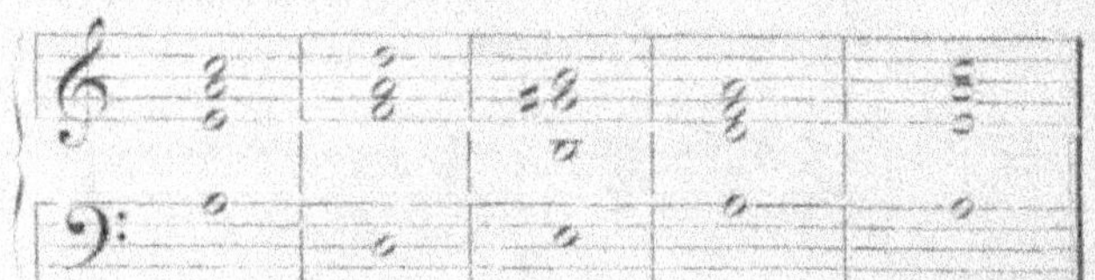

CHAPITRE VIII

DISPOSITION MÉLODIQUE DES PARTIES DANS UNE SUCCESSION D'ACCORDS.

« La musique étant une langue où plusieurs discours peuvent se faire entendre à la fois, non-seulement sans se nuire, mais en se servant mutuellement, s'ils ont été disposés d'après les règles de l'art, il s'ensuit que chacun de ces discours n'est pas un tout, mais la portion d'un grand tout qui se forme de leur réunion. De là vient le nom de *partie*, donné à chacune des portions de ce tout, et qui est elle-même un tout plus ou moins complet, selon l'importance de la partie et selon la manière dont elle est conçue (2). »

Deux parties dans un morceau de musique forment un *duo*, trois parties un *trio*, quatre parties un *quatuor*.

(1) M. Savard, *loc. cit.*, p. 53.

(2) Pierre Lichtenthal, *Dictionnaire de Musique*, année 1839, cité par M. Bernardin Rahn, *loc. cit.*, 12me leçon, p. 89.

La partie la plus haute est dite supérieure ou première partie ; la partie la plus grave est dite partie inférieure ou basse.

Les parties placées entre la basse et la première partie sont appelées intérieures.

Le rôle des parties intérieures est moins important que celui de la basse et de la partie haute.

Si on suppose un chœur à quatre voix, les quatre parties prennent les dénominations suivantes en commençant par la partie supérieure :

Soprano }
Contralto } Voix de femme et d'enfant.
Ténor }
Basse } Voix d'homme.
(1)

Dans la musique instrumentale, chaque partie est destinée à un instrument. Ce qui fait l'importance harmonique des instruments à clavier tels que le piano et l'orgue, c'est qu'ils peuvent résumer tout cet ensemble appelé *partition* (2).

Pour réaliser une harmonie, il ne suffit pas d'enchaîner les accords ainsi que nous venons de le voir dans les chapitres précédents ; il faut encore observer certaines règles dans la disposition mélodique des parties considérées isolément.

Règles générales.

1° Chacune des différentes parties d'une harmonie doit être considérée comme formant une mélodie particulière, et reste soumise, de ce chef, à la règle suivante :

Une partie quelconque doit généralement ne pas trop s'éloigner de son point de départ.

La conséquence est qu'en commençant un morceau de musique le plus ou moins d'écart des notes du premier accord entre elles est assez arbitraire ; mais pour le second accord il n'en est plus de même et les notes doivent tenir à peu près la distance marquée par le premier.

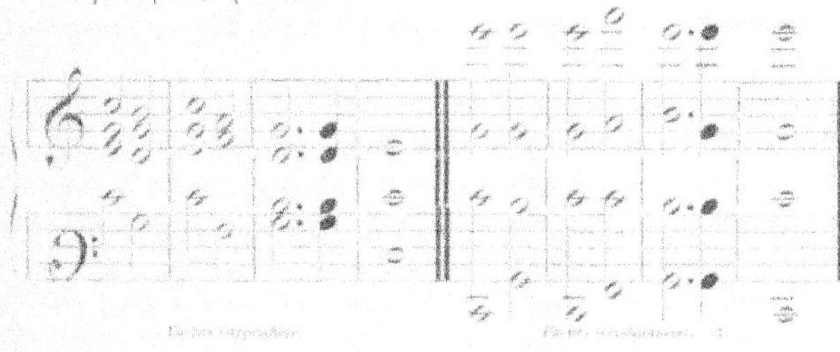

Parties rapprochées. Parties écartées (3).

(1) M. Bernardin Rahn, loc. cit., p. 80.
(2) M. Savard, loc. cit., p. [illegible].
(3) Reicha, loc. cit., p. 52.

2° Toutes les notes d'un accord n'ont pas la même importance car il en est qui le caractérisent d'une manière spéciale.

Il résulte de cela que quand, dans une harmonie, par l'effet d'une circonstance quelconque, on se voit dans la nécessité de supprimer une des notes constitutives de l'accord, il faut toujours avoir soin de garder les notes caractéristiques. C'est ainsi par exemple que dans l'accord parfait on conservera toujours la tierce de la *tonique* parce qu'elle fixe la nature de l'accord.

Il résulte aussi de cette prédominance de certaines notes dans l'accord que ces notes doivent, autant que posible, trouver place dans la *partie haute* et dans la *basse* d'une harmonie, les parties *intérieures* se trouvant beaucoup moins en relief.

Règles particulières à la disposition mélodique de certaines parties dans les accords dissonnants.

La faculté qu'ont les accords dissonnants soit de confirmer plus ou moins la tonalité, soit de la suspendre, fait sentir à l'oreille le besoin d'entendre un autre accord dans lequel cette tonalité se trouve définitivement établie ou tout au moins ramenée. Un accord dissonnant appelle donc un autre accord ; on ne saurait s'y arrêter ; il nécessite un mouvement, un retour vers une combinaison consonnante, et ce mouvement, ce retour sont ce que l'on appelle la *résolution*.

Notons en passant, avec M. Savard (1), que « cette tendance énergique de la dissonnance vers son point de résolution donne à l'harmonie qui la contient une vie et un mouvement que ne peut avoir l'harmonie consonnante. »

Dans tout accord dissonnant, la force d'attraction qui entraine cet accord vers un autre accord résulte de ce que certaines de ses notes constitutives font appel à d'autres notes voisines et s'y portent par un mouvement que, dans la succession des deux accords, on est tenu de respecter.

Quoique nous ayons, conformément à l'opinion de plusieurs maitres, classé l'accord de *quinte diminuée* dans la catégorie des accords dissonnants, il est d'un caractère tellement vague et indécis qu'à peine si l'on peut dire qu'il fasse éprouver le besoin d'une résolution.

Les auteurs pour qui cet accord est consonnant le regardent comme pouvant s'enchaîner à tous les accords parfaits par *quinte*, par *quarte* ou par *tierce* dans la marche de la basse, et par intervalle de *seconde* avec l'accord de tonique (2).

Quant aux auteurs qui considèrent l'accord de *quinte diminuée* comme dissonnant, voici comment ils indiquent sa résolution :

Dans la gamme majeure où cet accord se place sur le *septième degré* il se résout sur l'*accord parfait de la quinte inférieure :*

(1) *Loc. cit.*, p. 135.
(2) M. Savard, *loc. cit.*, p. 50.

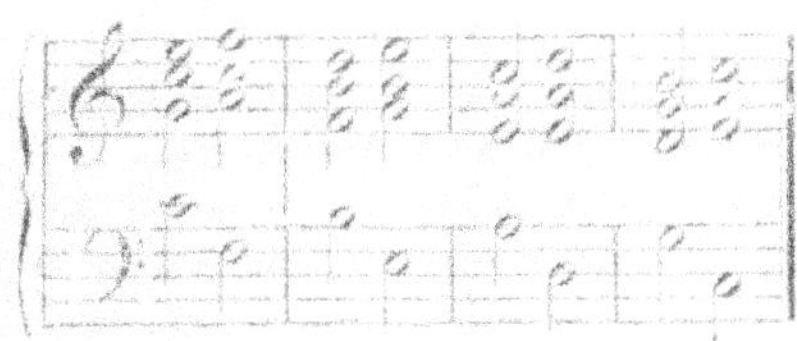

Dans la gamme mineure où l'accord de *quinte diminuée* s'emploie le plus souvent sur le *second degré*, il se résout sur l'*accord parfait majeur de la dominante* de cette gamme :

En analysant ces résolutions on verrait que particulièrement la note *fa* de l'accord de quinte diminuée suit un mouvement pour ainsi dire instinctif et descend sur la note *mi*.

Toutefois ici le mouvement de résolution est trop peu caractérisé pour que nous y insistions. Nous allons trouver au contraire dans l'accord de septième de dominante une occasion excellente de comprendre le mouvement résolutif de certaines des parties d'un accord dissonant.

Prenons donc l'accord de septième de dominante :

Cet accord est porté par une attraction puissante vers l'accord parfait.

Pourquoi ?

Dans l'accord de septième de dominante se trouvent deux notes *si*, *fa*, qui constituent, l'une avec *ut*, l'autre avec *mi*, les deux demi-tons de la gamme.

Cette proximité de deux notes crée entre elles une tendance attractive impérieuse (2). De même que nous voyons l'attraction moléculaire agir avec d'autant

(1) Cet exemple et le précédent sont donnés par M. Lemoine, *loc. cit.*, p. 33.
(2) M. Bernardin Bahn, *loc. cit.*

plus d'énergie sur les parcelles des corps que ces parcelles sont déjà plus rapprochées, ainsi dans les successions des sons le mouvement de fusion devient d'autant plus vif que l'intervalle qui sépare les sons est moindre.

Dans notre accord de septième de dominante le *si* constituant la *tierce* avec la note fondamentale tend à remonter vers la *tonique* qu'il touche déjà de si près, et le *fa* constituant la *septième*, c'est-à-dire la dissonnance, descend irrésistiblement vers sa proche voisine la *troisième note du ton*.

Ainsi la troisième et la quatrième partie, au moment de la résolution sur l'accord parfait de la tonique, obéissent à une *disposition mélodique obligée*.

Après ces explications on va comprendre sans difficulté la proposition suivante que nous donnons maintenant dans la forme adoptée par l'école et d'après laquelle, dans la résolution de l'accord de septième de dominante sur l'accord de *tonique* :

La *tierce* monte d'un degré ;

La *septième* descend d'un degré ;

La *quinte* monte ou descend d'un degré ;

La *note fondamentale* descend d'une quinte ou monte d'une quarte quand elle est dans la basse ; dans une partie haute elle reste ordinairement sur le même degré comme note commune aux deux accords (1).

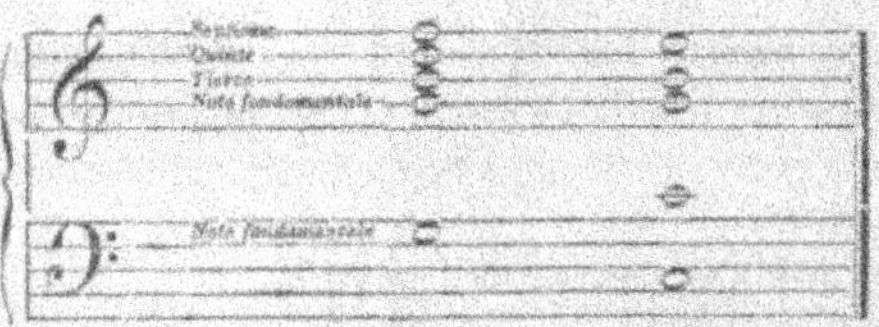

Les notes de l'accord suivent la même marche à ses trois renversements.

Dans le premier renversement (A), lors de la résolution, la *note fondamentale* monte d'un degré et la *quinte juste* descend d'un degré ;

Dans le second renversement (B) la *tierce* descend d'un degré et la *sixte* monte d'un degré ;

Dans le troisième renversement (C) la *note fondamentale* descend d'un degré et la *quarte* monte d'un degré :

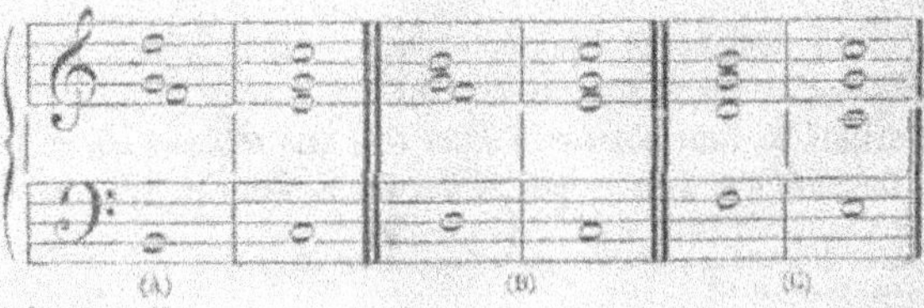

(A) (B) (C)

(1) Reicha, *loc. cit.*, p. 40.

Outre cette résolution sur la *tonique* portant accord parfait, l'accord de septième se résout encore naturellement sur la *dominante* portant accord de *quarte* et *sixte*, c'est-à-dire le second renversement de l'accord parfait du ton, et sur la *sus-dominante* portant accord parfait, et cela toujours dans les deux modes.

Dans ces résolutions les notes que nous avons vu avoir un mouvement obligé continuent à se résoudre d'après leur tendance :

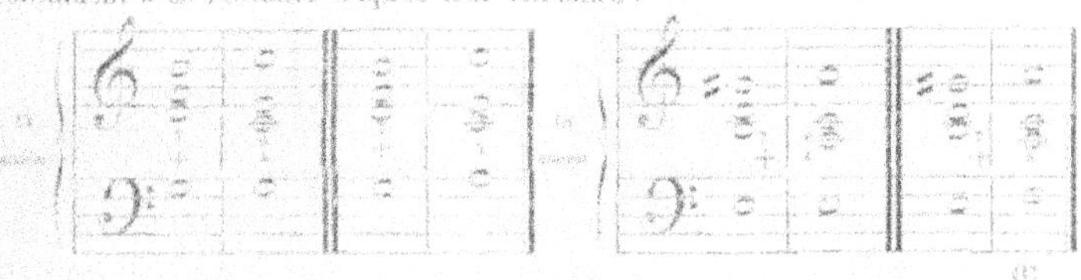

(1)

Remarquons que dans un accord dissonnant on ne peut doubler les notes qui ont un mouvement obligé parce que la résolution identique amènerait inévitablement deux octaves (2).

Nous nous sommes beaucoup étendus sur la résolution du plus important des accords dissonnants ; c'est qu'il y avait là à faire saisir une des difficultés principales dans la théorie de l'enchaînement des accords.

CHAPITRE IX

DISPOSITION HARMONIQUE DES PARTIES DANS UNE SUCCESSION D'ACCORDS.

Mouvements.

Indépendamment de ce qui précède, il faut observer que les parties prennent, les unes vis-à-vis des autres, une marche qui peut présenter des caractères différents. Cette marche est ce que l'on appelle leur mouvement harmonique.

Il y a trois sortes de mouvements harmoniques, savoir :

1° Le mouvement *direct* quand les parties montent et descendent en même temps (A) ;

2° Le mouvement *oblique* quand une partie monte ou descend alors que l'autre reste immobile (B) ;

(1) Ces deux exemples sont de M. Bazin, loc. cit., p. 71.
(2) M. Savard, loc. cit., p. 138.

3e Enfin le mouvement *contraire* lorsqu'une partie monte pendant que l'autre descend (C) :

Quintes et octaves défendues.

Le mouvement *direct*, et même le mouvement *contraire*, présentent des difficultés contre lesquelles il y a lieu de se mettre en garde. Dans l'emploi de ces mouvements on doit bien éviter de faire de suite, entre les mêmes parties, deux consonnances parfaites de même nature, c'est-à-dire deux *quintes* ou deux *octaves*.

La succession de quintes est dure à l'oreille et la succession d'octaves est une pauvreté qui n'ajoute rien à l'harmonie :

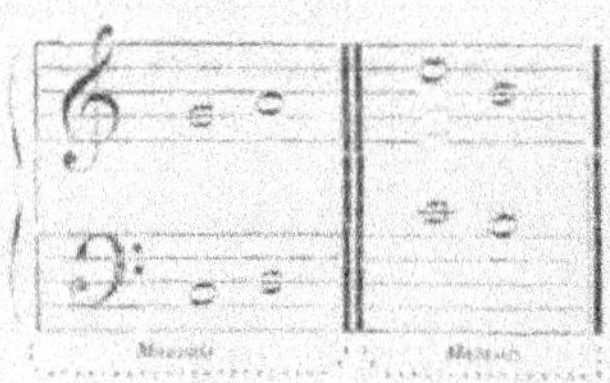

Cependant cette règle comporte des exceptions. Notamment il est permis d'aller par *mouvement direct* d'une *quinte juste* à une *quinte diminuée* (A), quoiqu'on ne puisse pas aller d'une *quinte diminuée* à une *quinte juste* (B) :

Parfois l'on rencontre des passages entièrement composés d'*unissons* et d'*octaves*. Dans ce cas les notes formant l'*unisson* ou l'*octave* ne sont plus considérées comme partie harmonique, mais comme redoublement d'une partie que l'auteur a voulu renforcer (1).

Quintes et octaves cachées.

Un accord étant donné, si ses deux parties extrêmes vont, par mouvement direct, sur une quinte ou sur une octave, il y a succession forcée de deux quintes ou de deux octaves, alors même que la première quinte ou la première octave

(1) Ch. Savard, *loc. cit.*, p. 62.

ne seraient pas apparentes. En effet, la première quinte ou la première octave, ne fussent-elles point notées, sont sous-entendues dans l'accord que l'oreille complète d'elle-même ; seulement, dans ce cas, la première quinte ou la première octave sont dites *cachées*, suivant l'expression adoptée par l'école.

Or *ces quintes* et *ces octaves cachées* sont, en général, défendues ; on rejettera donc les successions suivantes :

Fausses relations.

Lorsque dans une succession d'accords une note de l'une des parties se trouve maintenue dans l'accord suivant, mais en y subissant l'altération d'un dièze ou d'un bémol, cette note altérée doit rester à la même partie. Est-elle à la basse ? il faut qu'elle reste à la basse avec son altération. L'a-t-on entendue à la partie haute ? il faut que sous sa forme accidentelle on l'entende encore dans la même partie. La note *ut* formant la basse d'un accord, *ut* ♯ devra rester à la basse dans l'accord suivant. Viendrait-on à le mettre à la partie intermédiaire ou à la partie haute ? L'oreille serait blessée et on aurait produit ce qu'on appelle une *fausse relation.*

Si au lieu de la note altérée on introduit dans une autre partie la note qui se rapproche le plus de cette altération, celle qui, sur les instruments à clavier, est représentée par la même touche (v. ci-dessus p. 12), par exemple si au lieu de l'*ut* ♯ on fait entendre le *ré* ♭, il y a là un changement de ton et la fausse relation n'est pas à craindre.

En définitive on peut résumer ce qui concerne la fausse relation dans la règle pratique suivante :

La FAUSSE RELATION *a lieu quand une note qu'on vient d'entendre dans une partie est entendue immédiatement après dans une autre partie sans avoir changé de nom.*

Les *quintes* et *octaves cachées*, de même que les *fausses relations*, sont quelquefois permises ; mais l'examen de ces exceptions dépasserait le cadre de leçons élémentaires.

CHAPITRE X

DES CADENCES HARMONIQUES.

Les phrases, les périodes musicales sont entrecoupées de repos d'une durée plus ou moins longue que l'on nomme *cadence*, du latin *cadere*, tomber. On a très-justement comparé les cadences aux signes de ponctuation dans un discours.

Les cadences sont *mélodiques* ou *harmoniques*.

Dans une mélodie les cadences sont indiquées tantôt par des notes qui ont une durée plus longue que celles qui les précèdent, tantôt au contraire par des silences, quelquefois aussi par la répétition du même rhythme, de la même phrase ou du même membre de phrase.

Nous rappelons encore le rôle qu'ont dans la génération de la gamme certaines notes, la *sous-dominante*, la *tonique*, la *dominante* qui, par suite, déterminent la tonalité. La chute de l'accord parfait de l'une de ces notes sur l'accord parfait de l'autre peut couper la phrase musicale et amener un instant de repos. Cette chute constitue ce qu'on appelle une cadence *harmonique*.

De même que les cadences *mélodiques* les cadences *harmoniques* doivent avoir lieu sur les temps forts et sur la partie forte des temps (1).

Plusieurs auteurs distinguent jusqu'à six sortes de cadences harmoniques. En réalité on peut réduire ces six sortes de cadences à quatre, savoir :

1° La demi-cadence ; — 2° la cadence parfaite ; — 3° la cadence rompue ; — 4° la cadence plagale.

1° DEMI-CADENCE.

Elle se produit quand un repos momentané s'établit sur l'accord parfait de la *dominante* qui alors est toujours majeur sans renversement. L'accord qui précède doit être établi sur la tonique ou sur le quatrième degré :

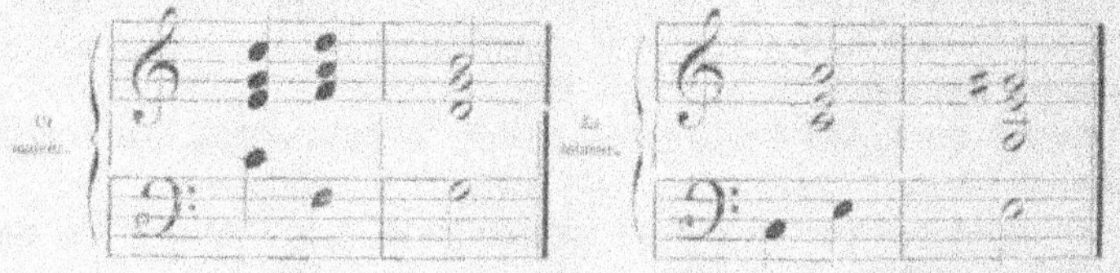

2° CADENCE PARFAITE.

Elle se produit lorsqu'à l'accord de *dominante* non renversé succède le repos sur l'accord de *tonique*, aussi non renversé, que cet accord de tonique soit d'ailleurs

(1) M. Bernardin Rahn, *loc. cit.*, 11e leçon.

majeur ou mineur, selon le mode dans lequel on se trouve. Souvent ici à l'accord de dominante on ajoute la *septième*, adjonction de laquelle résulte une tendance appellative très-prononcée.

3° CADENCE ROMPUE.

« Lorsque le sens d'une phrase fait pressentir une cadence parfaite que le compositeur juge à propos d'éviter, il y a *cadence rompue*. »

« Les cadences rompues que l'on désigne aussi sous le nom de *cadences évitées* et de *cadences interrompues* sont fort usitées et presque toujours d'un effet sûr lorsqu'on les amène à propos ; elles entretiennent l'attention et donnent de l'énergie à la phrase qui suit (1). »

Pour rompre une cadence on peut résoudre l'accord de la dominante soit sur l'accord parfait *renversé* (A) (A*), soit sur le sixième (B) (B*) ou le quatrième degré du ton (C) (C*). Il y a bien d'autres manières encore, mais leur développement nous entraînerait trop loin :

(1) Reicha, *loc. cit.*, p. 40.

4° CADENCE PLAGALE.

La cadence plagale est la résolution de l'accord de la *sous-dominante* sur l'*accord de tonique* :

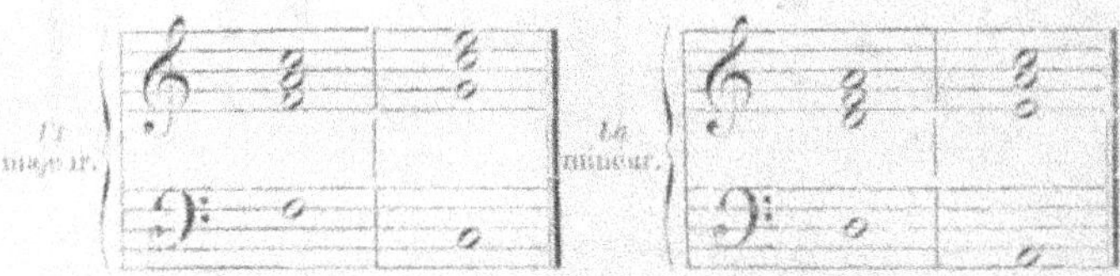

C'est du plain-chant que nous vient la cadence plagale. Le plain-chant comprend huit tons dont quatre, adoptés par saint Ambroise, archevêque de Milan, sont dits *authentiques* ou originaux, et quatre, ajoutés depuis par le pape saint Grégoire, sont dits *plagaux* ou imités. Or, dans les tons plagaux, la dominante est à la quarte supérieure de la tonique au lieu d'être à la quinte.

Malgré tout, la cadence plagale ne contrarie nullement les exigences de la tonalité moderne (1). Elle ne donne pas aussi complètement que la cadence parfaite l'idée du repos; mais précisément ce caractère peu défini permet d'y trouver de beaux effets pour la musique religieuse (2).

(1) MM. Escudier, *loc. cit.*, V° *Plagal.*
(2) M. Savard, *loc. cit.*, p. 88.

DEUXIÈME PARTIE

CHAPITRE I

PREMIERS PRINCIPES SUR LES MODULATIONS.

La plus belle mélodie finirait par sembler trop uniforme et fatiguer l'oreille de l'auditeur si elle était toujours dans le même ton. Aussi, pour soutenir l'attention, le compositeur a-t-il soin de quitter de temps en temps le ton principal de son œuvre pour entrer momentanément dans des tons plus ou moins éloignés. C'est ce que l'on appelle moduler. Ce procédé est un des plus puissants moyens d'effets que le musicien ait à sa disposition et un de ceux qui, en même temps, exigent le plus de mesure et de goût.

Sous ce rapport l'harmonie offre au compositeur un grand secours en lui facilitant la modulation. D'autre part, au point de vue harmonique envisagé d'une façon spéciale, la modulation est une source féconde de richesses et de beautés.

On comprend très-bien que, pour passer d'un ton dans un autre, il faut qu'il y ait à l'avance entre ces deux tons quelques rapports de parenté, quelques éléments communs, ou, si cela n'est pas, qu'on trouve le moyen d'établir une transition. Il y aura donc deux sortes de modulations, la modulation naturelle, facile dans les tons voisins du ton principal (dits encore *relatifs*) et la modulation avec transition dans les tons éloignés.

Quant à présent nous n'allons nous occuper que du premier genre de modulation.

Modulation dans les tons voisins du principal.

Si l'on veut se reporter à ce que nous avons dit au sujet de la formation de la gamme on verra d'abord qu'il y a deux tons, l'un majeur, l'autre mineur, qui se trouvent, par suite de leur génération pour ainsi dire commune, dans les rapports les plus étroits. Si nous prenons les gammes d'*ut majeur* et de *la mineur* nous verrons qu'elles se composent des mêmes notes sauf, dans la gamme mineure, la septième élevée accidentellement. Chaque ton majeur aura donc son relatif mineur et réciproquement.

C'est ainsi qu'on formulera la règle : *deux tons sont voisins lorsqu'ils ont la même armature de clef.*

Dans la théorie de la formation de la gamme nous avons vu également que toute gamme majeur a trois notes génératrices, la *sous-dominante*, la *tonique* et la *dominante*, et on comprend très-bien que les trois gammes élevées sur chacune de ces notes se trouvent aussi en relation de parenté. Ainsi le ton d'*ut majeur* aura d'étroites affinités avec le ton de *sol majeur* et de *fa majeur*.

Il y a plus encore.

Le ton de *fa majeur* et celui de *sol majeur* ont eux-mêmes chacun leur relatif mineur, *ré mineur* et *mi mineur*, et il existe entre tous ces tons et celui d'*ut majeur* des rapports encore assez rapprochés pour qu'on les considère comme tons voisins :

Or l'armature de la clef de *sol majeur* et celle de son relatif *mi mineur* portent un dièze, comme d'autre part l'armature de la clef de *fa majeur* et celle de son relatif *ré mineur* portent un bémol, d'où la seconde règle plus générale : *deux tons sont réputés voisins (ou relatifs) lorsqu'ils ont la même armature ou ne diffèrent que d'un accident à la clef.*

Moyens employés pour la modulation aux tons voisins.

Il y a trois procédés :

1° Un ton se trouve en rapport tellement intime avec ses trois premiers relatifs qu'il se lie sans accord intermédiaire et qu'on peut y entrer brusquement.

Ainsi on ira immédiatement d'*ut majeur* en *la mineur*, d'*ut majeur* en *sol majeur* et en *fa majeur* par l'accord parfait de chacun de ces tons.

C'est le premier procédé.

Rigoureusement l'accord parfait du nouveau ton ne déterminera pas par lui seul une tonalité nouvelle puisqu'il appartient également à la première gamme ; mais on pourra *confirmer* la modulation et lui donner son caractère *en restant* dans le ton nouveau.

2° En traitant de l'harmonie consonnante, M. Bazin indique comme *second procédé* pour la modulation « de faire entendre un accord appartenant au ton où l'on veut aller et dans la composition duquel se trouve une note étrangère au ton d'où l'on veut sortir. Cette note étrangère qui détermine la modulation est presque toujours la note sensible ou la sous-dominante du ton vers lequel on va. Dans le cas contraire la modulation est déterminée par la note sensible altérée du ton que l'on quitte. »

Et l'éminent professeur donne les deux exemples suivants (1) :

Modulations aux cinq tons voisins du ton d'*UT* majeur.

Modulations aux cinq tons voisins du ton de *LA* mineur.

En y réfléchissant on verra que la règle énoncée par M. Bazin peut se résumer dans la formule plus simple que voici :

Pour passer d'un ton dans un ton voisin il suffit de réunir le premier au second par l'accord parfait de la DOMINANTE DE CE DEUXIÈME TON.

Ainsi pourrait-on, par les deux moyens qui précèdent, moduler rien qu'avec les seules ressources de l'harmonie consonnante.

3° Maintenant qu'à l'accord parfait de la *dominante* du ton dans lequel on veut passer on ajoute la *septième*. Ce *troisième procédé*, par l'emploi d'une dissonance qui appelle la résolution, conduira bien plus énergiquement encore dans le ton que l'on cherche.

(1) *Loc. cit.*, p. 36 et 37.

En d'autres termes ce troisième moyen de modulation *consistera à réunir le ton que l'on veut quitter à celui vers lequel on se porte par l'*ACCORD DE SEPTIÈME DE DOMINANTE DE CE DERNIER TON.

Ce troisième procédé est celui que l'on emploie presque toujours parce qu'il offre plus de facilité que les autres en ayant plus de puissance :

Modulations aux cinq tons voisins d'*UT* majeur.

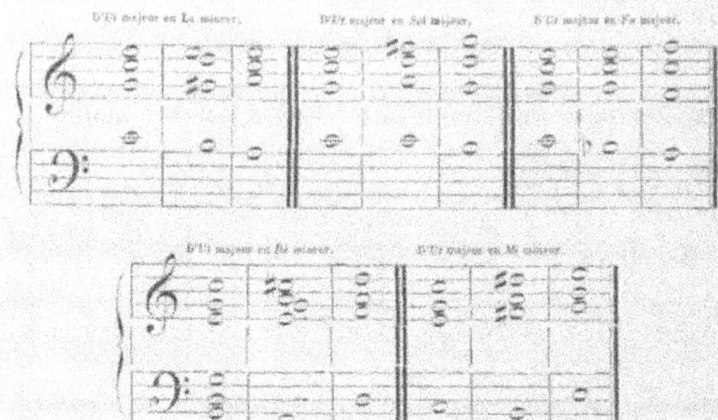

Modulations aux cinq tons voisins de *LA* mineur.

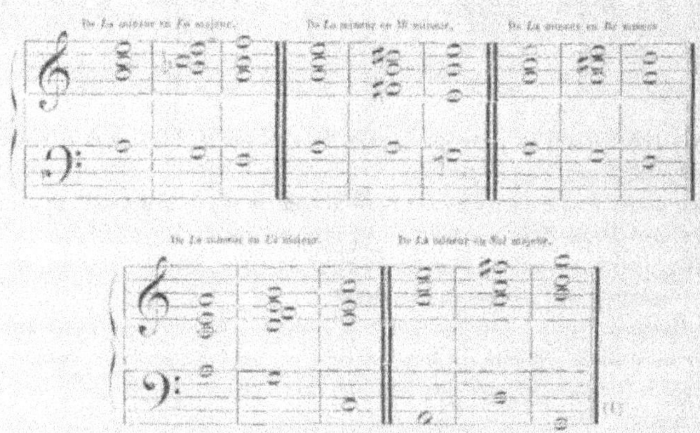

(1) Reicha, *loc. cit.*, p. 74, et M. Lemoine, *loc. cit.*, p. 59.

CHAPITRE II

ACCORDS DE NEUVIÈMES MAJEURE ET MINEURE DE DOMINANTE.

Nous continuons maintenant l'examen des différents accords employés dans l'harmonie.

Accord de neuvième majeure de dominante.

Cet accord est une extension de l'accord de septième de dominante (1).

En effet, comme ce dernier, il se compose d'abord d'une *tierce majeure*, d'une *quinte juste* et d'une *septième mineure*; on le complète en y ajoutant une *neuvième majeure*.

Il se chiffre par $\begin{smallmatrix} 9 \\ 7 \\ + \end{smallmatrix}$

Le caractère de cet accord est de produire un effet plus énergique que ne le ferait l'octave de la note fondamentale qui se trouve remplacée par la *neuvième* (2).

Comme l'accord de septième de dominante il n'a pas besoin d'être préparé. Il se résout de même en ce qui concerne les notes communes aux deux accords; quant à la neuvième, dans la résolution, elle descend d'un degré.

Dans l'emploi de cet accord on fait bien de supprimer la quinte, ce qui rend la neuvième moins dure à l'oreille. Cette suppression est de règle si on écrit à quatre parties (3).

L'accord de neuvième majeure de dominante s'établit sur la dominante de la gamme majeure :

Ut majeur.

On emploie très-peu les renversements de l'accord de neuvième majeure de dominante, et le quatrième est même impraticable (4). Nous croyons inutile de les donner dans ce travail élémentaire.

(1) M. Savard, *loc. cit.*, p. 153.
(2) M. Savard, *ibid.*
(3) M. Bazin, *loc. cit.*, p. 110.
(4) M. Bazin, *ibid.*

Accord de neuvième mineure de dominante.

C'est une seconde extension de l'accord de septième de dominante.

L'accord de neuvième mineure de dominante se compose d'une *tierce majeure*, d'une *quinte juste*, d'une *septième mineure* et d'une *neuvième mineure*.

Il se chiffre, comme le précédent, par $\substack{9\\7\\+}$

L'accord de neuvième mineure de dominante ne diffère donc du précédent que par la *neuvième* qui est *mineure*.

Il a le même caractère et se résout de la même façon.

Autant que possible, en l'employant, on y retranche également la quinte.

Cet accord s'établit sur la dominante de la gamme mineure :

La mineur.

Comme les renversements de l'accord de neuvième majeure de dominante, ceux de l'accord de neuvième mineure sont très-peu ou point usités. Nous nous abstiendrons donc également de les indiquer ici.

CHAPITRE III

ACCORD DE SEPTIÈME DE SENSIBLE. — ACCORD DE SEPTIÈME DIMINUÉE.

Si l'on vient à retrancher le son fondamental dans les accords de neuvième de dominante (majeure ou mineure) on obtient deux accords, dont le son le plus grave est la note sensible du ton, tandis que le son le plus élevé est une septième (1).

De là, pour ces deux causes, la désignation commune d'accords de septième de sensible.

Ut majeur.

La mineur.

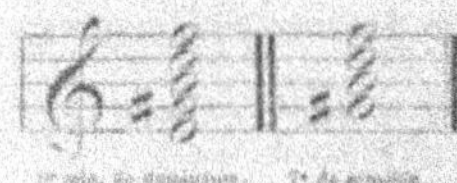

(1) M. Savard, *loc. cit.*, p. 139.

Mais, en réalité, ces deux accords diffèrent par leur composition, puisque dans celui du mode mineur la septième a un demi-ton de moins que dans celui du mode majeur, ou, en d'autres termes, est diminuée.

C'est pourquoi, dans la pratique, le nom d'accord de *septième de sensible* est réservé à l'accord de septième de sensible du mode majeur; celui du mode mineur porte le nom de *septième diminuée*.

Accord de septième de sensible.

L'accord de septième de sensible se compose d'une *tierce mineure*, d'une *quinte diminuée* et d'une *septième mineure*.

Il se chiffre par $^{7}_{5}$.

Comme l'indique son nom, cet accord se pose sur la note sensible de la gamme majeure :

L'accord de septième de sensible offrant une harmonie plus faible que l'accord de septième de dominante est beaucoup moins employé. Pour lui faire produire son effet il importe de maintenir la *septième au-dessus* des autres notes de l'accord. D'ailleurs, de même que tous les accords de quatre ou de cinq sons, il est « essentiellement appellatif (1). »

Il se résout sur l'accord parfait de la tonique vers laquelle la basse remonte, tandis que la septième et la quinte descendent d'un degré.

Passons maintenant aux renversements.

Étant donné l'accord dans son état naturel (A) : Le premier renversement (B) se compose d'une *tierce mineure*, d'une *quinte juste* et d'une *sixte majeure*. Il porte le nom d'accord de *quinte* et de *sixte sensible*, se pose sur le second degré dans le mode majeur et se chiffre par $^{6}_{5}$.

Le second renversement (C) se compose d'une *tierce majeure*, d'une *quarte augmentée* et d'une *sixte majeure*; on le nomme *accord de triton avec tierce majeure*; il se pose sur le quatrième degré dans le mode majeur, et se chiffre par $^{+4}_{3}$.

Le troisième renversement (D) se compose d'une *seconde majeure*, d'une

(1) M. Bernardin Rahn, *loc. cit.*, 11me leçon.

quarte juste et d'une *sixte mineure*; on le nomme *accord de seconde sensible*; il se pose sur le sixième degré dans le mode majeur, et se chiffre par $_{+}{}^{4}_{2}$:

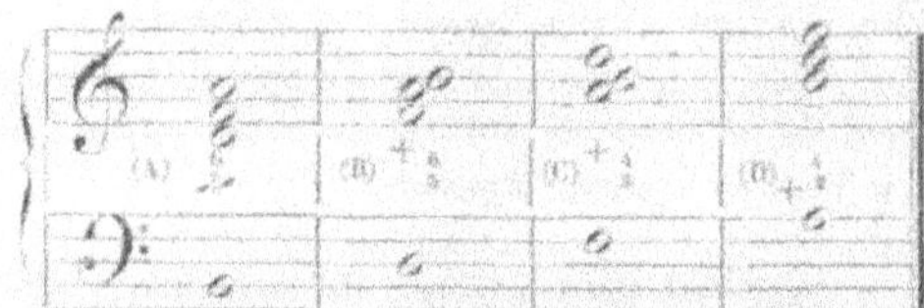

Accord de septième diminuée.

L'accord de septième diminuée se compose d'une *tierce mineure*, d'une *quinte diminuée* et d'une *septième diminuée*.

Il se chiffre par un $\not{7}$.

Il est à remarquer que les trois tierces qui constituent cet accord sont mineures.

L'accord de septième diminuée se pose sur la septième note du ton dans la gamme mineure :

Cet accord se résout naturellement sur l'accord parfait de la tonique vers laquelle monte la basse, tandis que la quinte et la septième descendent d'un degré; il peut aussi, accidentellement, se résoudre sur la septième de dominante.

Étant donné, l'accord dans son état naturel (A) :

Le premier renversement (B) se compose d'une *tierce mineure*, d'une *quinte diminuée* et d'une *sixte majeure*. Il porte le nom *d'accord de quinte diminuée* et de *sixte sensible*, se pose sur la seconde note du ton dans la gamme mineure, se chiffre par $+\,{}^{6}_{\not{5}}$.

Le second renversement (C) se compose d'une *tierce mineure*, d'une *quarte augmentée* et d'une *sixte majeure*. On le nomme *accord de triton avec tierce mineure*. Il se pose sur la quatrième note du ton dans la gamme mineure, et se chiffre par $^{+4}_{3}$.

Le troisième renversement (D) se compose d'une *seconde augmentée*, d'une *quarte augmentée* et d'une *sixte majeure*. On le nomme *accord de seconde augmentée*. Il se pose sur la sixième note du ton dans la gamme mineure et se chiffre par +2 :

L'accord de septième diminuée s'emploie beaucoup plus fréquemment que l'accord de septième de sensible, d'abord à raison de sa douceur particulière, et ensuite parce que le peu de dureté de ses dissonances permet de placer toutes ses notes indifféremment à la partie haute ou à la basse. Il est même à remarquer qu'on peut le transporter dans le mode majeur sans que l'oreille en soit blessée, tandis que le mode mineur n'accepterait pas l'accord de septième de sensible.

Une autre propriété donne à cet accord une importance toute spéciale : les sons qui le constituent peuvent, sans déplacement, représenter par leur caractère enharmonique, c'est-à-dire par leur synonymie, trois autres accords de septième diminuée à un de leurs renversements. En d'autres termes, la septième diminuée, en tenant compte de la synonymie de certaines notes, peut appartenir à quatre tons différents. C'est ainsi que dans l'exemple ci-dessus l'accord de septième diminuée du ton de *la mineur*, dans son état direct (A) représente en même temps, si on veut tenir compte de l'enharmonie, le premier renversement de l'accord de septième diminuée du ton de *fa ♯ mineur*, le troisième renversement du même accord dans le ton d'*ut mineur*, et enfin le deuxième renversement du même accord dans le ton de *mi ♭ mineur*.

Nous verrons plus tard tout le parti qu'on tire de cette propriété particulière pour obtenir, à l'aide de l'accord de septième diminuée, les modulations dites enharmoniques, et passer très-rapidement dans les tons les plus éloignés. Qu'il suffise de constater dès à présent que cet accord est un de ceux à la pratique desquels on devra s'habituer avec le plus de soin.

CHAPITRE VI

PROLONGATIONS. — ACCORD DE SEPTIÈME MAJEURE. — ACCORD DE SEPTIÈME DE SECONDE DU MODE MAJEUR. — ACCORD DE SEPTIÈME DE SECONDE DU MODE MINEUR.

Jusqu'à présent nous avons étudié parmi les accords dissonants, ceux qui ont, pour ainsi dire, une existence propre et qu'on pourrait appeler naturels. Il est d'autres accords dissonnants que nous appellerons artificiels et qui ne sont que la transformation d'un accord consonnant par l'addition d'une note étrangère de laquelle résulte une dissonnance. Ces accords, un peu factices, donnent à la langue musicale plus de richesse, sans affaiblir cependant son unité, parce que, sous la diversité de ces formes, on retrouve aisément l'harmonie régulière.

L'addition d'une note formant dissonnance dans un accord consonnant s'effectue au moyen de la *prolongation*, c'est-à-dire à l'aide d'un artifice qui consiste à maintenir sur les accords consonnants une des notes des accords qui le précèdent :

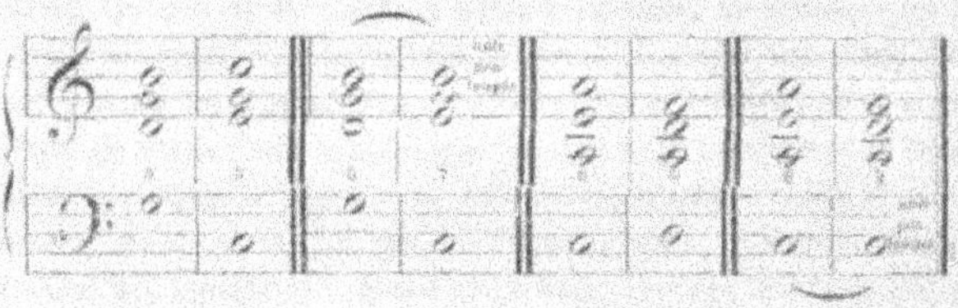

(1)

Toutefois une note ne saurait être ainsi prolongée, sur un accord consonnant, sans l'observation de deux conditions essentielles, savoir : 1° la *préparation* de la dissonnance ; 2° *sa résolution*.

Nous avons déjà vu sommairement, dans le chapitre de l'enchaînement des accords (2), ce que l'on entend par ces mots : préparer une dissonnance.

C'est faire entendre d'avance, dans un premier accord, le son qui doit devenir dissonnant et prévenir ainsi l'oreille de ce qui, sans cela, pourrait la blesser (3).

Nous avons dit aussi que quand la dissonnance a simplement pour effet de préciser le caractère tonal des accords, de constituer un accord dissonnant naturel, comme elle appartient en réalité au ton, aucune préparation n'est nécessaire.

Il en est ainsi pour les accords dissonnants que nous avons passés en revue jusqu'à cette heure : l'accord de septième de dominante, les accords de neuvième majeure et mineure de dominante, les accords de septième de sensible et l'accord de septième diminuée. Comme ils sont, en quelque sorte, les produits naturels de la tonalité, ils paraissent assez doux à l'oreille pour qu'elle les accepte sans préparation.

(1) Cet exemple est emprunté à M. Bazin, *loc. cit.*, p. 144.
(2) Voir *supra*.
(3) M. Bernardin Rahn, *loc. cit.*, 25e leçon.

Il en est tout autrement si, au contraire, la dissonance tend à effacer un instant la tonalité ; elle se présente alors comme un élément étranger qu'on n'introduira pas sans quelques préliminaires, et tel est le cas pour les accords que nous allons examiner dans le présent chapitre.

Mais ce ne sera pas tout que d'avoir préparé la dissonance produite par la note prolongée dans l'accord consonnant ; il faudra la résoudre et lui faire suivre son mouvement naturel vers son point d'attraction, vers la note dans laquelle elle vient, pour ainsi dire, se fondre, et que l'on appelle note résolutive.

Ici, nous touchons à une règle bien plus générale que la précédente, car si toutes les dissonances ne se préparent pas, toutes sont appellatives et se portent irrésistiblement vers des sons qui donnent à l'oreille la sensation du repos.

La note résolutive, nous le savons déjà par expérience, est celle posée un degré *au-dessous*, quelquefois un degré *au-dessus*, et presque toujours à intervalle d'un demi-ton seulement de la note à résoudre (1).

La préparation et la prolongation doivent avoir à peu près la même durée ; trop soutenue, la prolongation serait désagréable.

Accord de septième majeure.

Si à un accord parfait majeur on ajoute, par prolongation, la septième note du ton, on obtient un accord dissonnant connu, dans la nomenclature harmonique, sous le nom d'*accord de septième majeure*.

Cet accord se compose donc d'une *tierce majeure*, d'une *quinte parfaite*, et d'une *septième majeure*.

Il se chiffre par 7.

L'accord de septième majeure se pose sur les première et quatrième notes du ton dans la gamme majeure :

Ut majeur.

Et sur la sixième note du ton dans la gamme mineure :

La mineur.

Étant donné l'accord dans son état naturel (A) :

Le premier renversement (B) se compose d'une *tierce mineure*, d'une *quinte parfaite* et d'une *sixte mineure*. Il porte le nom d'*accord de quinte et sixte*, se pose sur la troisième et la sixième note du ton dans la gamme majeure, sur la première dans la gamme mineure, et se chiffre par $\frac{6}{5}$;

(1) M. Savard, *loc. cit.*, p. 178. — On se rappelle également ce qui a été indiqué plusieurs fois du mouvement obligé de certaines notes dans la résolution des accords dissonants.

Le second renversement (C) se compose d'une *tierce majeure*, d'une *quarte juste*, et d'une *sixte majeure*. Il porte le nom d'*accord de tierce et quarte*, se pose sur la première et la cinquième notes du ton dans la gamme majeure, sur la troisième note du ton dans la gamme mineure, et se chiffre par $\frac{4}{3}$ (1) ;

Le troisième renversement (D) se compose d'une *seconde mineure*, d'une *quarte juste* et d'une *sixte mineure*. On le nomme *accord de seconde*. Il se pose sur la troisième et la septième notes du ton dans la gamme majeure, sur la cinquième dans la gamme mineure, et se chiffre par 2 :

Accord de septième de seconde du mode majeur.

Si à un accord parfait mineur on ajoute, par prolongation, la septième note du ton *dans son état naturel*, on obtient un accord dissonnant connu sous deux noms, — celui d'*accord de septième mineure*, — et celui d'*accord de septième de seconde du mode majeur*. — Nous avons adopté de préférence la dernière désignation.

Cet accord se compose d'une *tierce mineure*, d'une *quinte parfaite* et d'une *septième mineure*.

Il se chiffre par 7.

L'accord de septième de seconde du mode majeur se pose tout particulièrement sur le second degré de la gamme majeure, et c'est ce qui lui a fait donner le nom choisi par certains maîtres, tandis que d'autres, considérant sa composition plus que son mode d'emploi, préféraient le nom marqué ci-dessus d'*accord de septième mineure*. D'ailleurs, quoique se posant plus spécialement sur la seconde note du ton dans le mode majeur, notre accord prend place également quelquefois sur la troisième et la sixième notes :

Ut majeur.

On l'établit sur la quatrième note du ton dans la gamme mineure :

La mineur.

(1) Dans l'exemple le second renversement est placé sur la cinquième note. On a compris déjà sans doute que, dans l'indication des notes qui portent tel ou tel renversement, nous avons dû suivre l'ordre numérique, c'est-à-dire le plus naturel, sans nous référer à l'accord spécial donné par l'exemple.

Étant donné l'accord de septième mineure dans son état naturel (A) :

Le premier renversement (B) se compose d'une *tierce majeure*, d'une *quinte parfaite* et d'une *sixte majeure*. Il se pose sur les première, quatrième et cinquième notes du ton dans la gamme majeure, sur la sixième note dans la gamme mineure. Comme le premier renversement de l'accord de septième majeure, on le nomme *accord de quinte et sixte*, et se chiffre par $\frac{6}{5}$.

Le second renversement (C) se compose d'une *tierce mineure*, d'une *quarte juste* et d'une *sixte mineure*. Il se pose sur les troisième, sixième et septième notes du ton dans la gamme majeure, sur la tonique dans la gamme mineure. Comme le second renversement de l'accord de septième majeure, on le nomme *accord de tierce et quarte*, et il se chiffre par $\frac{4}{3}$.

Le troisième renversement (D) se compose d'une *seconde majeure*, d'une *quarte juste* et d'une *sixte majeure*. Il se pose sur les première, seconde et cinquième notes du ton dans la gamme majeure, sur la troisième note dans la gamme mineure. Comme le troisième renversement de l'accord de septième majeure, on le nomme *accord de seconde*, et il se chiffre par 2 :

(A) 7 (B) $\frac{6}{5}$ (C) $\frac{4}{3}$ (D) 2

Accord de septième de seconde du mode mineur.

Si à l'accord de quinte diminuée du second degré du mode mineur on ajoute une septième mineure, on obtient un accord dissonant connu sous le nom d'accord de *septième de seconde du mode mineure*.

Cet accord se compose d'une *tierce mineure*, d'une *quinte diminuée* et d'une *septième mineure*.

Il se chiffre par $\frac{7}{5}$.

L'accord de *septième de seconde du mode mineur* se pose sur la seconde note du ton dans la gamme mineure :

Quelques auteurs le nomment *accord de septième mineure et de quinte diminuée* (1).

(1) Notamment M. Bazin.

Étant donné l'accord dans son état naturel (A) :

Le premier renversement (B) se compose d'une *tierce mineure*, d'une *quinte parfaite* et d'une *sixte majeure*. Il se pose sur la quatrième note du ton dans la gamme mineure. Comme le premier renversement des deux accords précédents, on le nomme *accord de sixte et quinte*, et on le chiffre par $\frac{6}{5}$.

Le second renversement (C) se compose d'une *tierce majeure*, d'une *quarte augmentée* et d'une *sixte majeure*. Il se pose sur la sixième note du ton dans la gamme mineure. On le nomme *accord de tierce et quarte augmentée* ou bien *accord de tierce majeure et triton*, et on le chiffre par $\frac{4}{3}$.

Le troisième renversement (D) se compose d'une *seconde majeure*, d'une *quarte juste* et d'une *sixte mineure*. Il se pose sur la tonique dans la gamme mineure. Comme le troisième renversement des deux accords précédents, on le nomme *accord de seconde*, et il se chiffre par 2 :

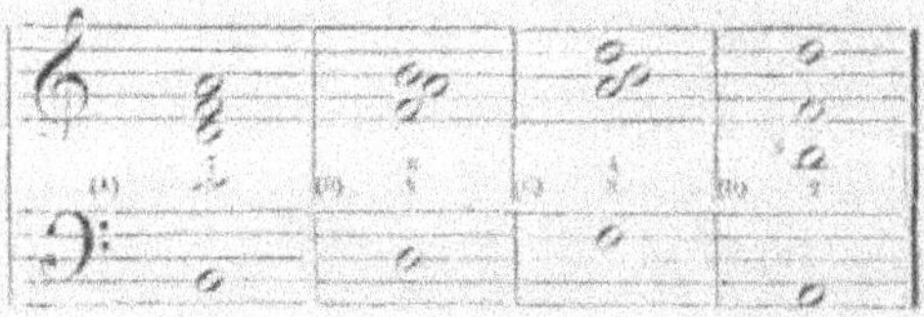

CHAPITRE VII

ALTÉRATIONS. — ACCORDS DE SIXTE AUGMENTÉE.

Suivant le vocabulaire de l'harmonie, on altère une note faisant partie d'un accord, lorsque par l'emploi d'un ♯ ou d'un ♮ supprimant un ♭, on élève cette note d'un demi-ton chromatique, ou encore, lorsque par l'emploi d'un ♭ ou d'un ♮ supprimant un ♯, on l'abaisse d'une même quantité.

Nous savons que la proximité plus ou moins immédiate des sons entre eux détermine leur plus ou moins d'attraction réciproque ; que deux notes à intervalle d'un demi-ton seulement se porteront l'une vers l'autre avec une force particulière et contribueront ainsi à donner à la phrase musicale ce qu'on appelle le mouvement. Mais il n'y a que deux demi-tons dans la gamme, et l'on comprend qu'étant une fois admise, la possibilité d'altérer accidentellement certaines notes et de créer ainsi d'une manière toute provisoire de nouveaux demi-tons, on obtienne des accords qui, sans doute et d'après la règle générale, n'appartiennent ni à la gamme majeure ni à la gamme mineure (1), mais néanmoins peuvent être exceptionnellement utilisés, car l'altération de laquelle ils résultent ayant été réalisée par

(1) M. Bernardin Rahn, *loc. cit.*, 32e leçon, p. 250.

l'emploi du genre chromatique (1) n'a pas modifié nécessairement la tonalité. A la condition que ces modifications soient tout à fait passagères, elles deviendront pour l'harmonie une source heureuse d'expression, de variété et de richesse. D'autre part elles mettront parfois en rapport les uns avec les autres les tons les plus divers et donneront le moyen d'opérer des modulations très-inattendues (2).

La note altérée par le ♯ doit se résoudre en montant d'un demi-ton diatonique (3), celle altérée par le ♭ en descendant d'un demi-ton diatonique, et celle altérée par le ♮ en montant ou en descendant de la même manière, selon que le ♮ annule un ♭ ou un ♯.

Il ne saurait entrer dans le programme de leçons aussi élémentaires de relater les nombreuses altérations que peuvent subir certaines notes dans les accords consonnants ou dans les accords dissonnants, et dont le tableau est donné avec soin par les maîtres.

Ainsi dans l'accord parfait majeur, la quinte peut être altérée par un ♯ (A), de même dans l'accord parfait mineur (B), de même encore dans l'accord de quinte diminuée (C) :

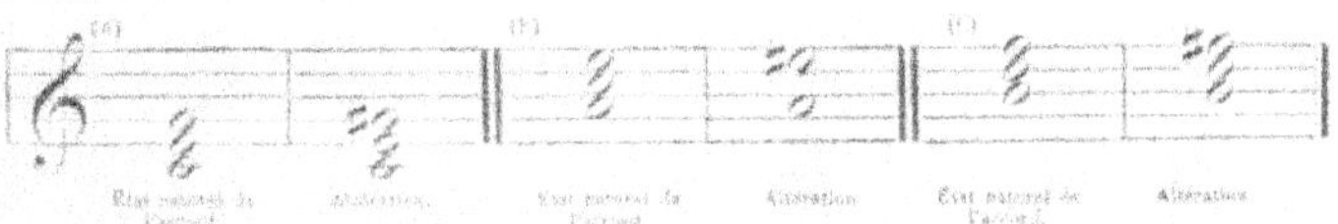

La quinte peut aussi être altérée dans l'accord de septième de dominante en montant (A) ou en descendant (B) :

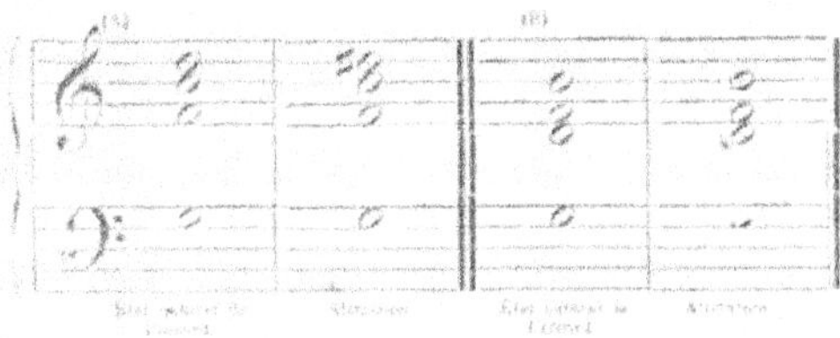

De même on pratique des altérations ascendantes ou descendantes de l'octave, de la tierce, de la fondamentale. Mais, encore une fois, l'examen de ces licences harmoniques nous entrainerait en dehors de notre cadre. Aussi nous nous occuperons seulement ici des aggrégations que l'on emploie sous le nom d'*accords de sixte augmentée*.

Et même parmi ces aggrégations nous n'en étudierons que deux d'un usage très-fréquent et d'une véritable importance, savoir : celle que l'on obtient par *l'altération de la note fondamentale dans l'accord de septième de seconde du mode*

(1) M. Savard, loc. cit., p. [illegible]
(2) [illegible]
(3) M. Bazin, loc. cit., p. [illegible]

majeur, et celle que l'on obtient par l'altération de la tierce dans l'accord de septième de seconde du mode mineur.

Soit ci-dessous l'accord de septième de seconde du mode majeur à son état naturel (A). — Prenons son premier renversement (B). Dans ce premier renversement, la note *fa* et la note fondamentale *ré* sont à intervalles de sixte majeure. — Si par un ♯ nous venons à élever cette fondamentale d'un demi-ton (C) la sixte majeure va devenir une *sixte augmentée*:

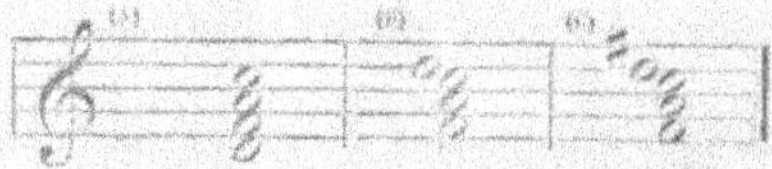

L'accord (C) se compose d'une *tierce majeure*, d'une *quinte juste* et d'une *sixte augmentée*.

Il se chiffre par $\frac{6}{5}$, le 6 étant précédé du signe d'altération nécessaire ; dans l'exemple ci-dessus un ♯ comme suit : ♯$\frac{6}{5}$.

Cet accord est dit de *sixte augmentée avec quinte*.

Il se place sur la sixième note du ton dans la gamme mineure et se résout généralement sur l'accord parfait de la dominante.

Soit maintenant l'accord de septième de seconde du mode mineur à son état naturel (A). — Prenons son second renversement (B). Dans ce renversement la note *fa* et la tierce de l'accord fondamental *ré* sont à intervalle de sixte majeure. — Si par un ♯ nous venons à élever cette tierce d'un demi-ton (C), la sixte majeure va devenir une *sixte augmentée* :

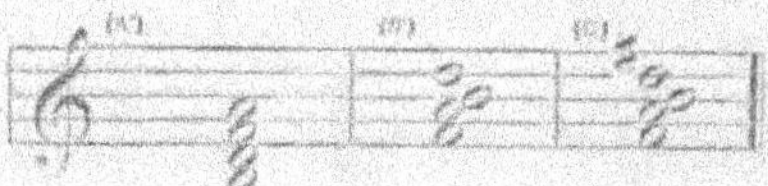

L'accord (C') se compose d'une *tierce majeure*, d'une *quarte augmentée* et d'une *sixte augmentée*.

Il se chiffre par $\frac{6}{4}$, le 6 étant précédé du signe d'altération nécessaire, dont l'exemple ci-dessus, un ♯, comme suit : ♯$\frac{6}{4}$.

Cet accord est dit de *sixte augmentée avec quarte augmentée*.

Son emploi et sa résolution sont les mêmes que ceux de l'accord précédent avec lequel plusieurs auteurs le confondent, la quarte augmentée au lieu de la quinte, formant la seule différence. Chez ces auteurs, le nom d'*accord de sixte augmentée* désigne celui que nous avons appelé *accord de sixte augmentée avec quinte juste*. Ils le considèrent en quelque sorte comme l'accord classique de sixte augmentée, celui de quarte augmentée n'en étant qu'une légère modification.

Le premier renversement de ces deux accords se pose sur la tonique dans la gamme mineure et se résout sur le premier renversement de l'accord parfait de dominante (1). Les autres renversements ne sont pas employés.

(1) M. Lemoine, *loc. cit.*, p. 100.

CHAPITRE VIII

RÉSUMÉ DE LA CLASSIFICATION DES ACCORDS.

Nous venons de passer en revue tous les accords reconnus par l'école comme formant l'ensemble des aggrégations harmoniques naturelles, ou du moins particulièrement autorisées. Ces accords sont au nombre de douze, si toutefois on range sous une seule dénomination les deux variantes indiquées ci-dessus de l'accord de sixte augmentée.

Il ne sera pas inutile de donner ici le tableau synoptique de ces douze accords :

Accord parfait majeur.

Accord parfait mineur.

Dans ce tableau nous avons omis les renversements qui ont été indiqués précédemment à la suite de chaque accord. L'élève devra faire un relevé plus général, noter lui-même ces renversements et les chiffrer. Il s'habituera ensuite à reproduire tous les accords et leurs renversements dans les principaux tons majeurs et mineurs.

CHAPITRE IX

ACCORDS PORTÉS PAR CHAQUE NOTE DES GAMMES MAJEURE ET MINEURE. — RÈGLE DE L'OCTAVE.

Accords portés par chaque note des gammes majeure et mineure.

Après s'être fait une idée très-nette de la classification des accords il importe de relever, pour chacune des notes de la gamme majeure et de la gamme mineure, tous les accords ou renversements que ces notes peuvent porter.

Ce résumé que nous ne donnerons pas intégralement pourra facilement être fait par l'élève d'après les indications données jusqu'ici et en adoptant, par exemple, la forme suivante :

Gamme majeure.

Accords pouvant être posés :

Sur la tonique. — L'accord parfait majeur, — le second renversement de l'accord parfait majeur établi sur la quatrième note du ton, — le premier renversement de l'accord parfait mineur établi sur la sixième note du ton, — l'accord de septième majeure et son second renversement, — enfin le troisième renversement de l'accord de septième de seconde du mode majeur.

Sur la seconde note du ton. — L'accord parfait mineur établi sur cette note, — le second renversement de l'accord parfait établi sur la dominante, — le second renversement de l'accord de septième de dominante, — le premier renversement de l'accord de quinte diminuée, — le premier renversement de l'accord de septième de sensible, — l'accord de septième de seconde du mode majeur et le troisième renversement du même accord.

Sur la troisième note du ton. — Le premier renversement de l'accord parfait majeur, etc.

Gamme mineure.

Accords pouvant être posés :

Sur la tonique. — L'accord parfait mineur, — le premier renversement de l'accord de septième majeure, — le second renversement de l'accord de septième mineure, — le troisième renversement de l'accord de septième mineure et de quinte diminuée.

Sur la seconde note du ton. — L'accord de quinte diminuée, — le premier renversement du même accord, — le second renversement de l'accord de septième de dominante, — le premier renversement de l'accord de septième diminuée, — l'accord de septième mineure et de quinte diminuée, — le premier renversement des deux accords de sixte augmentée.

Sur la troisième note du ton. — Le premier renversement de l'accord parfait mineur, etc.

Et ainsi de suite.

Cette récapitulation terminée, on remarquera que la gamme mineure reçoit un plus grand nombre d'accords que la gamme majeure. Cela tient d'abord à la facilité qu'on a d'élever la septième note d'un demi-ton en la considérant comme *sensible*, ou de la laisser dans son état naturel. Une autre cause est la nature de certains accords de la gamme mineure lesquels offrent un caractère plus souple et s'emploient plus aisément. Ainsi, par exemple, nous avons vu que dans l'accord de neuvième majeure de dominante, la dissonance de neuvième doit toujours être tenue à distance de *septième* de la note sensible, tandis que dans l'accord de neuvième mineure de dominante on peut rapprocher ces deux intervalles et trouver ainsi plus de combinaisons.

Règle de l'octave.

Après avoir ainsi réuni sur chaque note du ton tous les accords qu'il est possible d'y placer, arrivons à quelque chose de plus pratique, faisons un choix entre ces accords et voyons pour chaque note l'accord qu'elle supportera le plus naturellement. En établissant ces accords de choix sur tous les degrés de l'échelle musicale dans les deux modes, nous aurons réalisé ce qu'on appelle la gamme harmonique, ou encore en d'autres termes la *règle de l'octave*.

Les auteurs qui donnent la règle de l'octave la formulent tous à peu près de même ; toutefois la manière dont l'a notée M. Bazin (1) nous semble la plus parfaite.

Règle de l'octave dans le mode majeur.

Règle de l'octave dans le mode mineur.

(1) *Loc. cit.*, p. 108 et 109.

On devra analyser soigneusement ces gammes harmoniques, en relever et en chiffrer tous les accords. Ensuite il sera nécessaire de se familiariser avec les deux formules par un travail soutenu et de les reproduire dans tous les tons.

Nous terminons ce chapitre par une dernière observation.

Jusqu'à cette heure nous nous sommes conformés aux principes rigoureux de l'enseignement classique en établissant toujours les accords sur la partie grave. Cette méthode ne laisse pas que de paraître tout d'abord bien sévère et même assez peu pratique. Pourquoi ne point chercher plus vite comment on produit l'harmonie sous la partie haute, comment on réalise l'accompagnement sous un chant donné, puisqu'en définitive tel est ordinairement le but à atteindre, par la connaissance de l'harmonie. Nous traiterons bientôt ce sujet, mais jusqu'à présent et pendant quelque temps encore une telle direction par laquelle on croirait toucher plus rapidement au but serait pourtant erronée et ne permettrait pas de pénétrer le secret des aggrégations harmoniques. En effet, c'est la basse qui, en quelque sorte, engendre les accords, et seule elle peut en donner l'exacte compréhension. Dans la science de l'harmonie comme dans toute autre, il faut d'abord procéder par une analyse minutieuse; la synthèse se produit ensuite presque spontanément et sans effort.

CHAPITRE X

DEUXIÈME LEÇON SUR LES MODULATIONS

Nous avons traité ci-dessus des modulations aux tons voisins ou relatifs; il s'agit maintenant de rechercher comment on peut passer rapidement à un ton éloigné.

La question ne s'élève que si l'on désire arriver à un ton éloigné par une transition subite, car on comprend qu'à l'aide des simples procédés que nous avons examinés déjà on pourrait passer successivement dans tous les tons, chacun des tons traversés devenant à son tour ton principal et pouvant conduire à ses relatifs. Mais des moyens plus rapides, si on peut les obtenir, seront pour le compositeur d'une grande ressource parce que la transition subite à un ton éloigné, dès-lors qu'elle ne choquera pas l'oreille, produira un de ces contrastes qui animent et passionnent la composition. Or il y a deux moyens de se transporter ainsi brusquement dans un ton éloigné, ce sont: 1° le changement de mode; 2° la transition enharmonique.

De la modulation par le changement de mode.

On n'altère pas la tonalité d'une gamme en changeant son mode; c'est pourquoi on peut à volonté aller du mode majeur au mode mineur et réciproquement, ainsi d'*ut majeur* en *ut mineur*, de *la majeur* en *la mineur*. Or, comme les relatifs de la gamme mineure ne sont pas les mêmes que ceux de la gamme majeure, le changement de mode permet de passer par une transition presque subite dans des tons fort éloignés de la gamme prise dans son premier mode :

Transitions enharmoniques.

Cette expression *enharmonique*, empruntée à la langue grecque, s'appliquait, dans son acception primitive, à un genre de musique qui procédait par deux quarts de ton; mais aujourd'hui elle ne répond guère à ce sens primitif. L'*enharmonie*, ainsi que nous l'avons déjà remarqué (p. 47), pourrait être plus exactement appelée la *synonymie* et les transitions enharmoniques sont celles que l'on peut obtenir à l'aide de notes qui, tout en portant des noms différents, ne sont pourtant séparées que par un intervalle à peu près insensible, produisent pour l'oreille un effet presque identique et s'expriment sur les instruments à tempérament, c'est-à-dire sur les instruments à clavier, par une seule touche :

Ces notes *sol* ♯, *la* ♭ sont fréquemment dans la pratique, prises l'une pour l'autre. Néanmoins elles n'appartiennent pas à la même tonalité et se trouvent soumises à des attractions très-différentes. Nous avons déjà vu que l'attraction mutuelle de deux notes est en raison directe de leur rapprochement: Aussi *sol* ♯ un peu plus haut que *la* ♭ tend à monter vers *la* naturel, et *la* ♭ un peu plus bas que *sol* ♯, tend à descendre vers *sol* naturel. L'identité pratique de ces notes et de celles offrant le même caractère, réunie à la divergence de leurs attractions tonales, constitue, pour les compositeurs habiles, une source de très-riches et très-puissants effets (1).

Il est trois accords auxquels la présence d'une note pouvant affecter en même

(1) M. Escudier, *loc. cit.*, v. *Modulation*.

temps deux caractères donne la faculté de représenter un ou plusieurs autres accords. Pour cette raison on les appelle *accords enharmoniques*.

Les accords enharmoniques sont :

1° L'accord de *septième de dominante* ; — 2° l'accord de *sixte augmentée* (avec quinte juste) ; — 3° l'accord de *septième diminuée*.

1° L'accord de *septième de dominante* peut, à l'aide de la transformation enharmonique, devenir un accord de *sixte augmentée* :

Dans cet exemple nous voyons l'accord de septième de dominante d'*ut* majeur devenir par enharmonie l'accord de sixte augmentée de *si* majeur ou mineur.

2° L'accord de *sixte augmentée* peut réciproquement devenir, à l'aide de la transformation enharmonique, un accord de *septième de dominante* :

Ici l'accord de sixte augmentée de *si* majeur ou mineur devient, par enharmonie, l'accord de septième de dominante du ton d'*ut*.

3° Enfin avec l'accord de *septième diminuée* on obtient, par enharmonie, comme il a d'ailleurs été déjà mentionné ci-dessus (p. 47), *trois autres accords de septième diminuée*, toutefois, dans un de leurs *renversements* :

Dans l'exemple l'accord de septième diminuée de *la* mineur devient successivement : le premier renversement de l'accord de septième diminuée de *fa* ♯ mineur, le troisième renversement de l'accord de septième diminuée d'*ut* mineur, le second renversement de l'accord de septième diminuée de *mi* ♯ mineur.

On voit dès à présent avec quelle facilité les transitions enharmoniques conduisent dans des tons fort éloignés du ton principal. Pour mieux comprendre encore les exemples qui précèdent il suffira d'y compléter les modulations :

1° Modulation d'Ut majeur en Si mineur.

2° Modulation de Si mineur en Ut majeur.

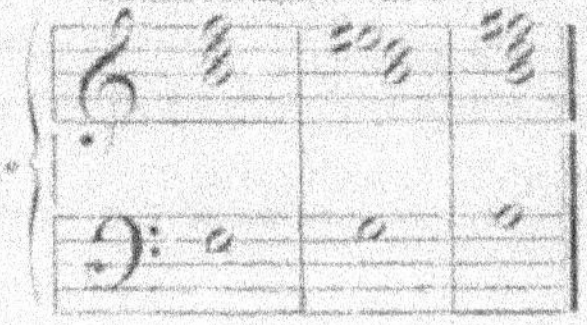

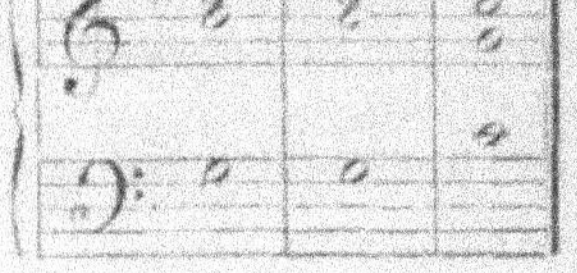

Modulation de La mineur en Fa ♯ mineur. Modulation de La mineur en [illegible] mineur. Modulation de La mineur en [illegible]

3°

La modulation par transition enharmonique est d'un puissant effet ; mais il ne faut pas la prodiguer. Surtout il convient, en général, que des modulations de ce genre ne se succèdent pas les unes aux autres.

CHAPITRE XI

NOTES ACCIDENTELLES.

En général on n'accompagne pas toutes les notes d'une mélodie ; pour peu que le mouvement soit rapide, vouloir accompagner chaque note entraînerait une véritable confusion et souvent même il y aurait, quant à l'exécution, impossibilité matérielle. Or, parmi les notes dont se compose une mélodie quelques unes doivent nécessairement être accompagnées et faire partie d'un accord ; d'autres, au contraire, restent sans difficultés étrangères à l'harmonie et on ne les accompagne point. Les premières notes sont dites principales, essentielles ou plus généralement RÉELLES ; les autres sont dites étrangères, artificielles ou plus généralement encore ACCIDENTELLES.

Dans ce sens il y a deux espèces de notes accidentelles, savoir :

1° La note de passage ;

2° L'appogiature.

D'un autre côté certaines notes appartenant, soit à la mélodie, soit à l'harmonie, peuvent être introduites momentanément dans des accords auxquels elles sont étrangères ; ces notes sont également dites ACCIDENTELLES et nous en distinguerons quatre espèces, savoir :

1° La syncope ;

2° L'anticipation ;

3° La suspension ;

4° La pédale.

Notes de passage.

On désigne de la sorte une ou plusieurs notes destinées à remplir l'intervalle existant entre deux notes réelles qui procèdent par degrés disjoints. Leur rôle est de faciliter la transition :

Les notes de passage peuvent procéder diatoniquement ou chromatiquement, mais toujours par degrés conjoints.

On sait que dans la *mesure* il y a lieu de distinguer les temps forts et les temps faibles; les *temps forts*, qu'accentuent cette mesure, et les *temps faibles*, qui se trouvent y former comme une espèce de repos. Dans la mesure à deux temps, le premier est le temps fort; le troisième l'est aussi, quoiqu'un peu moins; le deuxième et le quatrième temps sont faibles. De plus chaque temps a sa partie forte et sa partie faible. On doit toujours placer les notes de passage sur les temps faibles ou sur la partie faible des temps.

Il en résulte qu'en général on ne doit pas frapper les notes de passage en même temps que l'accord; cependant le genre libre et notamment la musique de piano admettent des exceptions à cette règle (1).

Les notes de passage, n'appartenant pas à l'harmonie, ne se chiffrent point.

Appogiature.

L'appogiature est un ornement mélodique formé d'une ou deux notes précédant une note réelle dont elle prend momentanément la place dans l'harmonie. Son nom vient du mot italien *appogiare*, appuyer.

Dans ces deux exemples les notes marquées de la lettre *a* ne font point partie de l'harmonie, comme il est facile de le voir, l'harmonie de la première mesure de chaque exemple étant un accord parfait.

L'appogiature est ce que l'on appelait autrefois *note perlée, port de voix, note d'agrément*. Alors on l'écrivait souvent en petites notes.

(1) M. Lemoine, *loc. cit.*, p. 112.

L'appogiature peut être placée à un degré au-dessus ou au-dessous de la note réelle. Employée au-dessus, elle peut descendre d'un ton ou d'un demi-ton; mais employée au-dessous, elle ne peut monter que d'un demi-ton, et, dans ce cas, elle produit presque toujours l'effet d'une note sensible accidentelle (1).

Elle s'emploie par le mouvement conjoint ou disjoint et prend sa valeur sur celle de la note réelle qui la suit. A l'inverse des notes de passage, elle frappe toujours sur le temps fort, ou sur la partie forte du temps.

On n'emploie guère l'appogiature à la basse que lorsqu'elle constitue le chant. Si par hasard on fait emploi de l'appogiature dans l'accompagnement elle doit être extrêmement brève.

Syncope.

La syncope est une note qui, commençant sur la partie faible d'un temps, se prolonge sur la partie forte du temps suivant.

Les deux moitiés de la note syncopée peuvent entrer dans l'harmonie comme notes RÉELLES (2) :

Mais aussi il arrive parfois que la première moitié appartenant à un accord, l'autre moitié se prolonge sur l'accord suivant dont elle ne fait point partie, et alors elle n'occupe que la place d'une note accidentelle :

Anticipation.

L'anticipation est une note qui, dans la succession de deux accords, avant d'être entendue avec le second dont elle constitue une note RÉELLE figure dans le

(1) M. Lemoine, loc. cit., p. 114.
(2) M. Bazin, loc. cit., p. 315, et M. Savard, loc. cit., p. 154.

premier auquel elle est étrangère et où elle n'occupe que la place d'une note accidentelle :

On peut même anticiper de tout un accord :

Il est permis d'employer l'anticipation à la basse, mais seulement lorsque le chant s'y trouve placé.

On l'établit toujours sur les temps faibles ou sur la partie faible du temps.

L'anticipation doit être brève.

Les anciens compositeurs l'employaient beaucoup plus qu'on ne le fait aujourd'hui.

Suspension.

Dans l'enchainement des accords il se peut qu'au lieu de résoudre une note sur celle qui la suit naturellement on la continue de façon à retarder un instant cette dernière. On produit ainsi ce que l'école appelle une *prolongation*, un *retard* ou une *suspension*.

La suspension, amenant sur le second accord une dissonnance momentanée, devient en réalité une source de véritables accords artificiels classés en dehors de la nomenclature générale.

Dès-lors qu'il y a dissonnance, cette dissonnance doit être *préparée* et *résolue*. La préparation se fait avec une note RÉELLE du premier accord d'une durée au moins égale à la suspension.

On obtient la résolution en faisant descendre ou monter d'un degré la note prolongée sur la note suspendue :

(A) Harmonie naturelle. (B) Harmonie avec suspension.

L'exemple (A) nous montre le premier renversement de l'accord parfait de *sol* majeur suivi directement de l'accord parfait d'*ut* majeur. L'exemple (B) nous offre la même harmonie, mais avec suspension, dans le second accord, de la note fondamentale *ut*. *Si*, basse du premier accord, forme la préparation; en se prolongeant elle amène la suspension qui produit une dissonnance passagère; mais cette dissonnance doit se résoudre et on est entraîné vers le degré supérieur *ut*, véritable basse du second accord.

Les notes que l'on suspend le plus fréquemment, sont :

1° Dans les accords parfaits majeur et mineur, ainsi que dans l'accord de quinte diminuée, la fondamentale, la tierce et l'octave;

2° Dans les accords de septième, la *tierce*;

3° Dans l'accord de sixte augmentée, la sixte augmentée.

Nous venons de voir comment se produit la suspension de la fondamentale dans l'accord parfait majeur.

Voici maintenant des exemples de quelques-unes des suspensions les plus usitées :

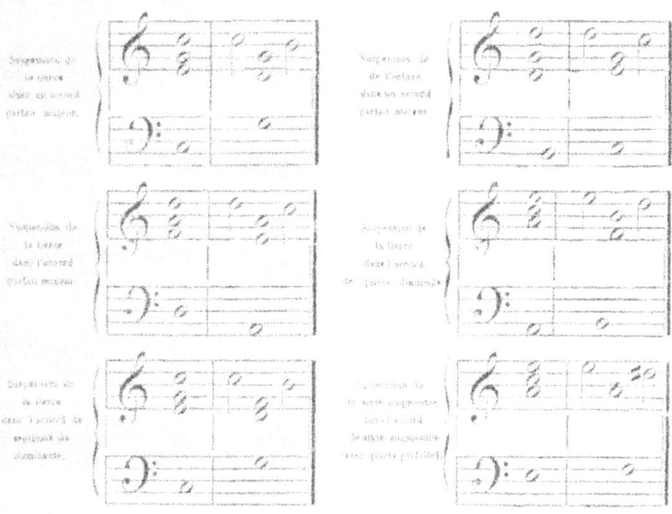

Nous ne nous arrêterons pas davantage à l'étude de ces suspensions qui tiennent une grande place dans les traités complets d'harmonie.

Pédale.

La *pédale* est une note prolongée ou répétée pendant une suite d'accords qui peuvent être étrangers à cette note laquelle devient alors, suivant les circonstances, note *réelle* ou *accidentelle*.

Cependant l'accord qui commence et celui qui finit sur la pédale doivent toujours former avec elle une harmonie régulière.

Le nom de pédale a été donné à cette *tenue* parce qu'à l'origine on ne l'employait qu'à l'orgue où elle se faisait, comme aujourd'hui encore, sur un clavier dont les touches sont mises en mouvement par le pied de l'organiste.

La pédale est placée généralement sous l'harmonie; cependant on peut la mettre dans une partie intermédiaire ou à la partie haute. Dans l'un ou l'autre de ces cas elle se pose presque toujours sur la *tonique* ou sur la *dominante* des gammes majeure et mineure.

Voici des exemples de pédales placées sous l'harmonie :

Pédale de tonique.

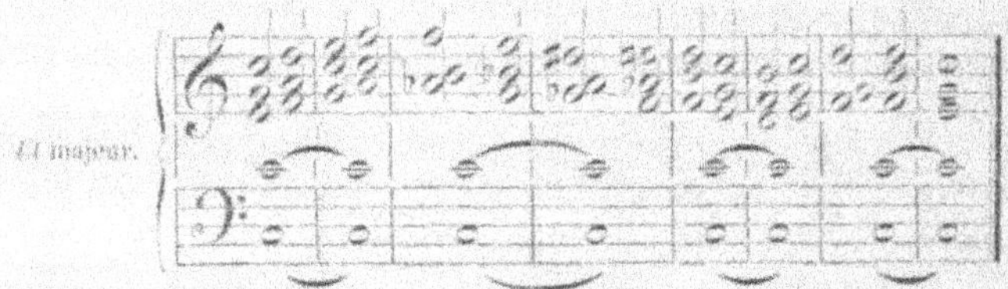

Pédale de dominante.

Remarquez que la pédale de tonique appartient le plus souvent aux accords qu'elle supporte, tandis que la pédale de dominante accepte beaucoup plus aisément des accords qui lui sont étrangers. Il résulte de cela deux conséquences : la première, c'est que la pédale de tonique peut fréquemment être considérée comme la basse des accords sous lesquels elle se trouve placée, tandis qu'avec la pédale de dominante la basse est presque toujours la partie qui vient immédiatement au-dessus de cette pédale ; la seconde conséquence est que la pédale de dominante, acceptant plus facilement les accords étrangers, offre beaucoup plus de variété et de richesse pour l'harmonie que la pédale de tonique.

La pédale bien employée peut produire un très-bel effet, notamment sur l'orgue et dans le grand style de la musique religieuse.

CHAPITRE XII

MARCHES D'HARMONIE.

Dans la langue musicale ordinaire une *marche* est un morceau destiné à être exécuté par des instruments à vent et de percussion, pour régler le pas d'une troupe militaire.

Cette sorte de composition s'emploie aussi dans la musique dramatique, et alors il arrive souvent qu'elle est exécutée à la fois par l'orchestre et par les chœurs (1).

Remarquons bien qu'il n'y a aucun rapport entre ce genre de *marche* et ce que l'on entend par *marche d'harmonie*.

L'école appelle ainsi la reproduction symétrique, à un intervalle supérieur ou inférieur, d'une formule harmonique donnée. Cette formule prend le nom de *modèle*. Les reproductions successives du modèle sont dites *progressions* (2).

On peut réaliser des marches d'accords parfaits lesquelles sont *unitoniques* ou *modulantes* : *unitoniques*, lorsqu'on n'y change pas de ton ; *modulantes* lorsque, se conformant d'ailleurs aux règles des modulations, elles traversent plusieurs tonalités.

Toutefois les compositeurs emploient bien plus fréquemment les marches de septièmes, lesquelles sont toujours *modulantes*.

Nous ne donnerons ici d'exemples que de ces dernières marches.

Marche de septièmes de dominante.

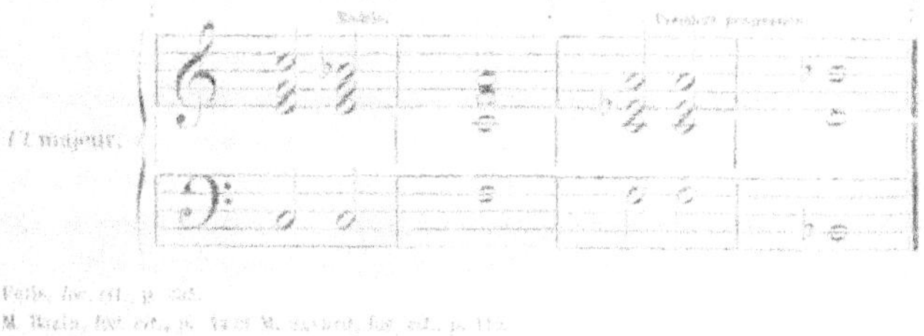

(1) Fétis, *loc. cit.*, p. [illegible].

(2) M. Bazin, *loc. cit.*, p. [illegible] ; M. [illegible], *loc. cit.*, p. [illegible].

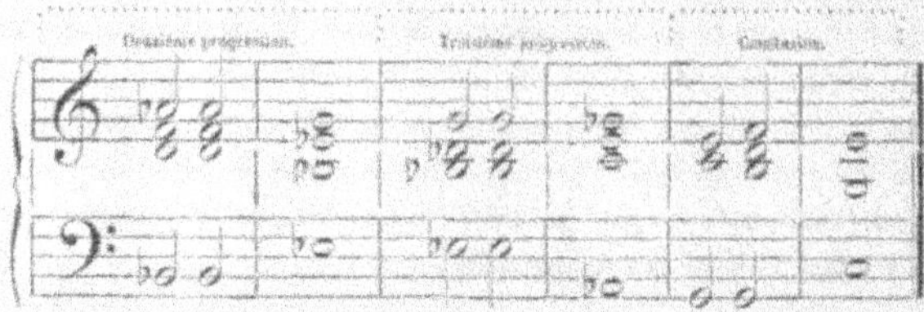

Voici une marche de septièmes diminuées extraite du *Petit Manuel d'harmonie* de M. Elwart (1) :

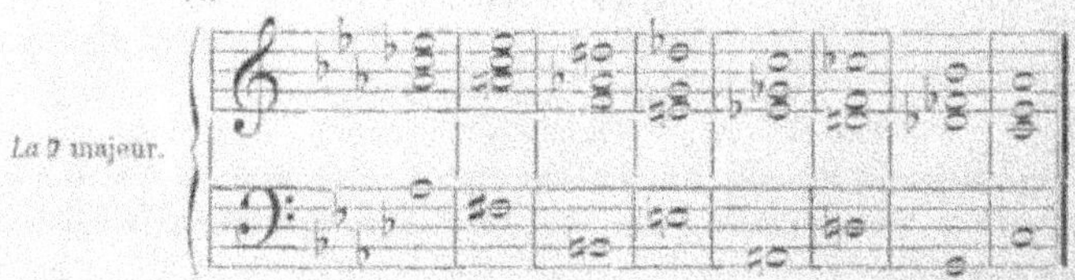

Enfin nous terminerons par des marches de septièmes de différentes espèces que nous donne Reicha, ce maître toujours si clair et si profond à la fois dans son enseignement (2) :

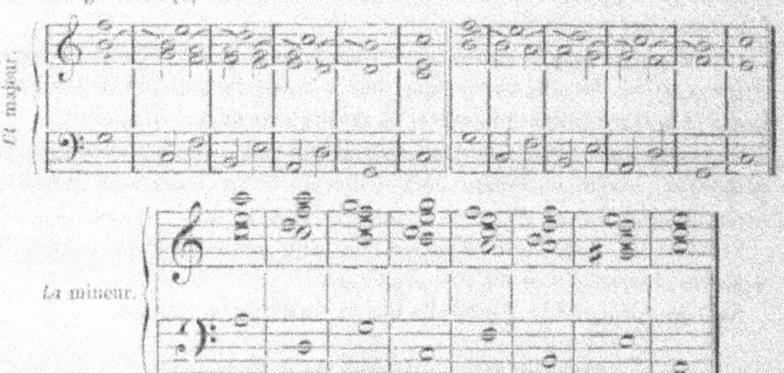

Dans les marches d'harmonie on tolère les successions de quintes et d'octaves apparentes ou cachées, ainsi que les fausses relations.

Il importe d'observer que ces marches ne constituent pas de nouvelles combinaisons harmoniques, mais nous offrent simplement un procédé spécial d'accompagnement, une manière d'établir l'harmonie avec une basse offrant un dessin particulier. Rigoureusement nous aurions donc pu nous dispenser de parler des marches d'harmonie ; mais l'importance pratique qu'elles obtiennent dans la composition nous à fait penser qu'il convenait d'en dire quelques mots.

(1) *Loc. cit.*, p. 19.
(2) *Loc. cit.*, p. 167.

TROISIÈME PARTIE

CHAPITRE I

DE LA MÉLODIE

Nous venons de résumer les lois essentielles qui gouvernent les combinaisons harmoniques. Avant d'ajouter quelques mots sur la mise en pratique de ces lois un peu abstraites rappelons très-sommairement les notions principales concernant la mélodie.

Il faut d'abord ne pas oublier que la musique est pour l'homme un mode d'expression, un peu vague sans doute, mais souvent très-énergique de ses sentiments; qu'elle constitue ainsi une sorte de langage soumis à des règles incontestables. En ce qui concerne spécialement la mélodie, ces règles portent sur quatre points essentiels, savoir :

1° La tonalité;
2° Le rhythme;
3° La constitution de la phrase musicale;
4° La modulation.

Passons rapidement en vue chacun de ces points.

Tonalité.

Tout morceau de musique doit appartenir, dans son ensemble, à un ton déterminé. Nous le savons déjà et il est inutile de nous arrêter ici davantage.

Rhythme.

Notre expression rhythme n'est que la transformation du mot grec ῥυθμός qui signifiait nombre et, par suite, proportion entre les parties d'un même tout, mesure, cadence.

Nous avons déjà dit un mot de l'importance des lois mathématiques dans les phénomènes de la nature. Cette importance a été pressentie dès les temps les plus anciens, puisqu'en Grèce certaines écoles de philosophie prétendaient même expliquer par des combinaisons numériques les mystères du monde et l'essence des choses. Pythagore qui avait remarqué notamment les rapports numériques des sons, en était arrivé à voir dans les nombres le principe de tout ce qui existe. Les éléments, l'âme humaine et ses facultés, les vertus morales, la sincérité, la droiture, la bonté n'étaient que des combinaisons de nombres. Platon eut ensuite un système analogue. Au moyen âge, ces rêves reprirent grande faveur. Après Albert le Grand, Nicolas de Cuss, Jordano Bruno, Raymond Lulle, Paracelse et d'autres philosophes ou alchimistes crurent à l'importance métaphysique et à la secrète influence des nombres. L'unité d'abord, puis les nombres 3, 4, 7, 10 étaient réputés porter en eux-mêmes une puissance particulière. En définitive cette sorte de superstition touchait par quelque chose à la vérité et avait seulement le tort de prendre pour cause des phénomènes l'ordre suivant lequel ils se produisent. En effet, la plupart des règles que l'observation nous a permis de découvrir dans le monde matériel se réduisent à des formules mathématiques.

On a vu que dans leur simultanéité, c'est-à-dire au point de vue harmonique, les sons se trouvent soumis à des rapports numériques ; il en est de même dans leur succession, c'est-à-dire dans la mélodie.

Lorsqu'on l'applique à la composition d'une mélodie, le nombre reprend chez nous le nom que lui donnaient les Grecs et on l'appelle *rhythme*.

Dans ce sens, le rhythme est la durée proportionnelle et symétrique des sons qui entrent dans la composition d'un chant.

C'est pour arriver à la réalisation du rhythme qu'un morceau de musique est fractionné en petites parties qu'on appelle *mesures*, et que chaque mesure se partage en parties plus petites encore qu'on appelle *temps*.

Quand la mesure contient deux temps (ou quatre, ce qui, sous le rapport du rhythme, revient au même), le rhythme est *binaire*; quand la mesure contient trois temps, le rhythme est *ternaire* (1) :

Nous trouvons le rhythme dans tout mouvement de la nature. Le battement de nos artères, la course de l'animal lancé au galop, le vol de l'oiseau fendant l'espace, la marche toujours réglée de l'Océan quand il abandonne ses rivages ou revient les couvrir, nous offrent des exemples de mouvements produits d'une manière symétrique. Les sons mesurés par le rhythme font éprouver à l'oreille

(1) Fétis, *loc. cit.*, p. 48.

une sensation remarquable lorsqu'ils se répètent plusieurs fois, en présentant les mêmes combinaisons de durée. On a souvent fait observer que le son produit par le battement sur un tambour est en lui-même sans expression : mais si on le renouvelle dans une forme régulière et plus ou moins pressée, ce son émeut l'auditeur et peut finir par s'imposer à lui avec une grande puissance.

Une mélodie sans rhythme serait quelque chose de vague, d'indéterminé, de bientôt insipide ; le rhythme la précise, la manifeste, lui donne ce que l'on appelle le mouvement, et, suivant qu'il sera plus ou moins lent, plus ou moins précipité il imprimera au chant un caractère de tristesse ou de joie, de trouble ou de calme, de douceur ou d'emportement.

Constitution de la phrase musicale.

De même que les diverses mesures d'une mélodie doivent se composer d'un nombre de temps égaux, ainsi les principales divisions de cette mélodie doivent comprendre un nombre égal de mesures. En entendant les mesures se succéder, l'oreille éprouve la sensation de leur nombre et du chant qu'elles contiennent, et aussi le besoin que ce nombre et ce chant se répètent (1).

Il y a encore ici un effet du rhythme, quoique cette expression s'applique particulièrement au mouvement donné par la mesure. Cette constitution rhythmique de la phrase reçoit dans la pratique un nom particulier, celui de *phraséologie musicale*.

Une phrase musicale se compose de deux parties, comprenant quelquefois chacune deux, et plus généralement, quatre mesures.

La phrase sera d'autant plus parfaite que le rhythme de la seconde partie rappellera mieux, même dans ses détails, le rhythme de la première. De cette constitution, pour ainsi dire classique, de la phrase musicale, est venue l'expression de *carrure des phrases* pour désigner la nécessité absolue de symétrie que nous venons d'expliquer.

D'ailleurs, cette expression *carrure des phrases* n'implique nullement que les membres d'une phrase musicale ne puissent comprendre que deux ou quatre mesures. De même qu'on pratique la mesure en trois temps, on accepte le membre de phrase de trois mesures, à la condition que le membre suivant contienne également trois mesures produisant répétition symétrique.

Les deux parties qui composent la phrase n'ont pas le même caractère. — La première fait éprouver à l'oreille la sensation d'une question posée, de l'attente. Quelques théoriciens lui donnent le nom d'*antécédent* ; nous l'appellerons plus simplement la *demande*. — La seconde partie est comme une réplique à la première, en quelque sorte une suite forcée. On l'appelle parfois le *conséquent* ; nous la désignerons sous le nom de *réponse*.

(1) Fétis, loc. cit., p. 13.

Ces préliminaires posés, voyons comment va se produire une mélodie.

Le chant le plus simple comprend ordinairement trois phrases :

La première phrase (A), composée d'une *demande* et d'une *réponse*, pose l'idée essentielle de la mélodie, idée qui semble d'abord un peu vague et fait désirer des développements.

La seconde phrase (B), composée également d'une *demande* et d'une *réponse*, paraît au début s'éloigner un peu de l'idée principale, tout en conservant avec elle un air de famille ; mais ses dernières mesures préparent et font désirer le retour de la première phrase.

Enfin, la troisième phrase (C) est à peu près la reproduction de la première, avec cette différence que sa dernière mesure forme conclusion.

Prenons pour exemple la romance bien connue de l'*Éclair* :

Le plus souvent nous rencontrons dans les mélodies des phrases immédiatement répétées, soit sous une forme absolument semblable, soit avec de légères variantes. Alors la réunion de la phrase et de la répétition prend le nom de *période*. Ainsi lorsque la phrase a huit mesures, ce qui est le cas le plus général, la période en a seize.

L'oreille n'accepte pas les phrases de cinq mesures qui sont absolument bannies de toute composition régulière. La phrase de cinq mesures, en effet, produisant la sensation d'une phrase de deux mesures et d'une autre de trois, manque de la symétrie que nous recherchons instinctivement dans toute œuvre musicale. Les exceptions que nous offrent certains chants éclos dans les montagnes d'Écosse, dans les landes de la Bretagne ou au fond de quelque vallée des Alpes, ne sauraient être pris pour exemple et le génie seul peut parfois se permettre ces singularités.

Dès qu'une composition musicale est de quelque étendue son agencement se complique, comme il arrive dans le genre littéraire lorsque, par exemple, au lieu d'une simple lettre, on écrit tout un discours. Nous trouvons dans le discours, l'exorde, l'exposition, la confirmation, la réfutation, la péroraison ; une grande composition musicale nous présentera l'introduction, le thème ou idée principale, les développements ayant pour but de fixer le thème dans l'esprit de l'auditeur, les épisodes, la rentrée, enfin la finale ou conclusion.

Modulation.

Nous avons expliqué déjà comment un morceau de musique, tout en restant d'une manière générale dans la même gamme, doit en sortir quelquefois pour varier le plaisir de l'auditeur et mieux tenir son attention en éveil. Tel est le but essentiel qu'on se propose en modulant. Ajoutons que la modulation nous donne aussi un moyen très-puissant de transition aux divers sentiments que le musicien désire successivement exprimer.

Toute mélodie, même la plus simple, doit moduler au moins un instant. Mais comment choisira-t-on la modulation ? Quel motif pour passer dans un ton plutôt que dans le ton qui le précède ou dans celui qui le suit ?

Pour résoudre cette question rappelons-nous qu'il y a deux sortes de modulations, savoir :

1° La modulation aux tons voisins ou relatifs ;

2° La modulation aux tons éloignés.

Dans une mélodie courte on ne modulera qu'aux tons voisins. Ainsi la romance de l'*Éclair*, reproduite ci-dessus, module au relatif du ton de *sol*, c'est-à-dire qu'elle passe un instant dans le ton de *mi* mineur.

Les mélodies plus longues veulent d'abord la modulation principale qui ne fait que développer le thème et, par conséquent, se trouve mieux placée dans les tons voisins et doit être aussi naturelle que possible. Viennent ensuite les modulations accessoires qui ont pour but de solliciter particulièrement l'esprit de l'auditeur, de le frapper, de le surprendre. Les modulations accessoires seront brusques, inattendues et causeront d'autant plus de plaisir qu'elles porteront sur les tons les plus éloignés. A cet objet répondent parfaitement les modulations enharmoniques.

Notons encore certaines observations générales :

1° La modulation unique, dans les mélodies courtes, ainsi que la modulation principale, dans les mélodies d'une certaine étendue, se font le plus souvent soit à la dominante, soit à la sous-dominante, soit au relatif majeur ou mineur ;

2° Le compositeur peut choisir son moment pour la modulation et changer de ton au commencement ou au cours d'une phrase. Néanmoins il convient généralement de moduler vers le milieu de la mélodie lorsque déjà on a pu bien faire comprendre l'idée principale sur laquelle d'ailleurs, avant de finir le morceau, on a soin de revenir avec quelque insistance;

3° Le nombre des modulations doit être proportionné au sujet. Ainsi avec un sujet simple on fera peu de modulations. Au contraire on en fera beaucoup dans un sujet dramatique et passionné. Seulement alors même il faudra éviter l'excès pour ne point briser la mélodie;

4° La nature de la modulation devra également être en rapport avec le sujet. C'est pourquoi avec un sujet triste on modulera de préférence dans le mode mineur, ou encore dans un ton majeur portant un ou plusieurs bémols à la clef. On remarquera en effet que ces dernières gammes ont une certaine teinte de mélancolie par laquelle elles se rapprochent du mode mineur. Cette particularité tient à leur composition un peu différente, comme nous le savons, de celle des gammes majeures avec dièzes.

—

Telles sont les règles générales de la mélodie. Il va sans dire qu'elles reçoivent de nombreuses exceptions; néanmoins le musicien est absolument tenu de s'y soumettre dans ce qu'elles ont d'essentiel et même il les suit presque instinctivement. Amphion, quand il bâtissait la ville de Thèbes aux accords de sa lyre; Orphée, lorsque ses chants amenaient vers lui les arbres des forêts et déterminaient les fleuves à suspendre leur cours pour le mieux écouter, devaient obéir, sans le savoir, à ces lois primordiales. Les antiques bardes de la verte Érin, plus tard les maîtres chanteurs de la Souabe, les trouvères et les troubadours de notre France, n'échappèrent pas davantage à la souveraine influence de ces lois absolues. Seulement la science moderne les a formulées et il importe de les bien comprendre, parce que l'intelligence nette et précise qu'on peut en avoir, si elle ne donne pas l'inspiration musicale, rend plus facile au moins les essais de composition.

CHAPITRE II

DES PROCÉDÉS PRATIQUES A EMPLOYER POUR LA RÉALISATION D'UNE HARMONIE.

Il est possible que l'harmonie destinée à faire corps avec une mélodie doive être placée au-dessus de cette mélodie, laquelle, dans ce cas, n'est autre chose que la basse de la composition. C'est ce que l'on a presque toujours vu dans les leçons qui précèdent, et nous avons déjà expliqué que ce mode a dû être adopté par l'enseignement parce que la basse engendre en quelque sorte les accords, et qu'on ne se familiarise avec les agrégations harmoniques qu'en revenant sans cesse à leur filiation.

Il se peut aussi que l'harmonie doive être placée sous la partie haute, laquelle alors, prend le nom de *chant*. Ce second cas est de beaucoup le plus général, et pouvoir réaliser une harmonie dans de telles conditions représente le but auquel aspirent la plupart des personnes qui ne font pas de la science des accords une étude approfondie.

Nous allons examiner séparément chacun de ces deux cas; mais auparavant faisons une remarque applicable à l'un et à l'autre. C'est que, pour composer l'harmonie destinée à une mélodie quelconque, il est indispensable de bien comprendre d'abord cette mélodie et, pour cela, de l'analyser.

L'analyse doit fournir la réponse à cinq questions :

1° En quel ton la mélodie est-elle écrite ?

2° Quelles notes forment repos ou cadences mélodiques, en d'autres termes, comment sont composées les différentes phrases ?

3° Quelles sont les notes réelles et quelles sont les notes accidentelles ? — Classement qu'on peut faire en observant le sens tonal de la composition ainsi que les cadences dont il vient d'être parlé.

4° Quelle est la modulation principale et quelles sont, s'il y en a, les modulations accessoires ? — Ce que l'on trouve en remarquant les notes altérées et en recherchant, par l'observation de la cadence mélodique qui suit chacune d'elles, s'il faut les considérer comme accidentelles et sans aucune influence sur la tonalité, ou comme réelles et, dès lors, de nature à devenir l'élément constitutif d'une nouvelle gamme (1).

5° Enfin quel est le caractère général de la mélodie (2) ?

A peine faut-il ajouter, sans doute, qu'une fois ces questions résolues on règle les combinaisons harmoniques sur la mélodie dont elles suivent les diverses tonalités, la ponctuation et la physionomie d'ensemble.

Harmonie à réaliser sur la basse.

Nous savons déjà comment on réalise l'harmonie sur la basse : on y arrive par un procédé analogue à celui que nous avons exposé à propos de la formation de la règle d'octave, c'est-à-dire qu'après avoir analysé la phrase musicale on choisit entre tous les accords que peut porter une note celui qui convient le mieux aux divers points de vue de la tonalité, des cadences, des modulations, de l'enchaînement avec l'accord qui précède et de la disposition mélodique des parties. C'est un exercice très-utile que de s'habituer à établir promptement l'harmonie sur

(1) M. Savard, loc. cit., p. 251.
(2) M. Elwart, loc. cit., p. 50.

une basse donnée. Dans le vocabulaire de l'école on distingue, parmi ces exercices, la basse donnée *note contre note* dans laquelle chaque note est destinée à porter un accord particulier, et la basse donnée *fleurie* laquelle contient des notes étrangères à l'harmonie qu'elle doit recevoir (1).

Les traités d'harmonie plus complets que ne peuvent l'être ces *leçons élémentaires* contiennent des formules d'exercices appelés PARTIMENTI. On désigne sous ce nom de petits morceaux harmoniques dans lesquels la basse seule est notée, les accords se trouvant indiqués par leurs chiffres. C'est ce que, dans une des premières leçons, nous avons appelé *basse chiffrée* (v. p. 14). Le devoir de l'élève consiste à traduire convenablement les accords, soit en les notant, soit en les exécutant au piano.

Voici un PARTIMENTO :

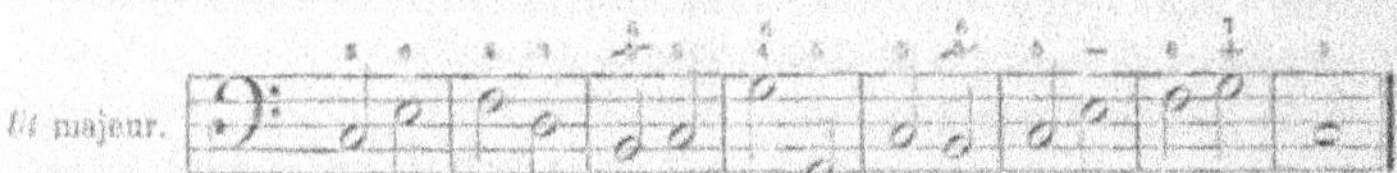

L'expression PARTIMENTO, qui appartient à la langue italienne, est l'équivalent de notre mot *fragment*. Il existe bien des recueils de PARTIMENTI dont plusieurs jouissent d'une réputation méritée.

Harmonie à réaliser sous le chant.

On peut indiquer plusieurs procédés.

Suivant une première théorie, la basse étant, pour ainsi dire, la source des accords, pourrait, dans l'ensemble de la composition, prendre à l'égard du chant une situation prépondérante si l'on ne commençait par la subordonner. A cet effet il importe de la réaliser avant toute autre harmonie, après quoi on trouve aisément les parties intermédiaires.

Ainsi supposons qu'on nous donne à composer l'harmonie du chant ci-dessous en *la* mineur :

Nous commencerons par chercher une basse qui pourra être celle qu'on va lire :

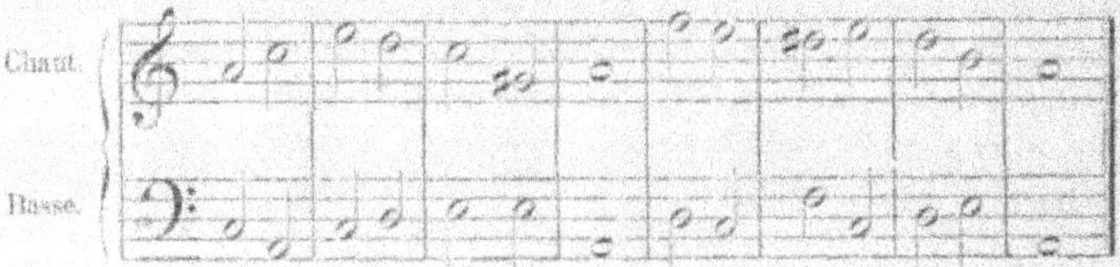

(1) M. Bazin, *loc. cit.*, p. 39.

Puis établissant une partie intermédiaire, nous arriverons à l'harmonie suivante :

Que ce moyen, pour réaliser l'harmonie sous le chant, soit ou non le plus pratique, il est certain qu'on gagne beaucoup dans ces essais de basse établie sous une mélodie donnée. Nous conseillerons notamment de prendre de temps à autre une mélodie de maître, d'en écrire la basse et de comparer ensuite avec celle de l'auteur.

Un autre procédé pour la réalisation de l'harmonie sous le chant est donnée par M. Bazin (1).

Ce procédé consiste à composer d'abord l'harmonie du chant donné avec les 1er, 4e, 5e et 6e degrés des deux modes. On obtient ainsi une harmonie *préparatoire.*

L'harmonie *préparatoire* n'est, ainsi que son nom même l'indique, qu'un acheminement vers une harmonie définitive qui se constitue par l'emploi des divers renversements des accords, par les différentes cadences et les autres artifices harmoniques. Outre que l'harmonie *préparatoire* laisse à l'écart une partie des richesses dont la science dispose, elle produit souvent des mouvements de basse défectueux ; quelquefois cependant elle est par elle-même suffisante et alors il y a lieu de la considérer comme définitive.

On voit que le procédé conseillé par M. Bazin ne diffère pas beaucoup de celui marqué ci-dessus pour établir l'harmonie sur la basse.

Si l'harmonie *préparatoire* se compose avec les accords qui se font sur les 1er, 4e, 5e et 6e degrés, cela tient à ce que la tonique, la sous-dominante et la dominante sont les trois notes génératrices de la gamme, tandis que d'autre part la sus-dominante, dans le mode majeur, représente la tonique du relatif mineur, et que, dans le mode mineur, la sus-dominante représente l'une des notes génératrices de la gamme majeure ; de telle sorte que les accords établis sur ces notes contiennent en réalité toute l'harmonie fondamentale des deux modes.

Les deux procédés que nous venons d'examiner ayant pour objet de faciliter la réalisation de l'harmonie sous le chant n'ont rien d'absolu, on l'a compris déjà. Ce sont des moyens plus ou moins faciles, des méthodes pratiques pour arriver à composer l'harmonie d'un chant ; mais chacun est libre d'adopter un autre système et l'inspiration individuelle est encore ici le meilleur guide.

(1) *Loc. cit.*, p. 327.

Parmi les exercices ayant pour but la réalisation de l'harmonie sous le chant, l'enseignement distingue : 1° le chant donné *note contre note;* — 2° le chant *fleuri ;* — 3° enfin le chant donné *mélodique* qui cesse d'affecter la forme sèche d'un simple exemple et se rapproche de celle d'une mélodie ordinaire. — Le chant donné mélodique est lui-même destiné à recevoir tantôt une harmonie *serrée,* tantôt une harmonie *espacée* (1).

Ces diverses expressions se comprennent aisément.

Remarquons ici avec M. Elwart (2) que la plupart des notes d'une mélodie pouvant être partie intégrante de plusieurs accords, il en résulte la possibilité de placer sous le chant des harmonies différentes, parce que telles notes qui, dans une certaine manière d'envisager la mélodie, eussent été ACCIDENTELLES, deviennent RÉELLES si l'on sort de ce point de vue supposé.

Remarquons encore avec le même auteur (3) qu'une phrase musicale peut quelquefois être considérée comme appartenant à deux tons différents, ce qui permet de choisir entre deux harmonies absolument dissemblables.

M. Elwart donne pour exemple un fragment mélodique considéré successivement comme étant en *ut* majeur, puis en *la* mineur, et pour lequel les basses ont été écrites en conséquence. Voici cet exemple où les notes considérées comme accidentelles sont surmontées d'une croix :

(1) M. Bazin, *loc. cit.*, p. [illegible]. — (2) *Loc. cit.*, p. [illegible]. — (3) *Ibid.*

M. Elwart ajoute une troisième formule en *fa* majeur, mais ici l'honorable professeur nous parait pousser trop loin les conséquences de son observation puisqu'il ne peut établir sa basse en *fa* majeur qu'en mettant un ♭ à la clef, c'est-à-dire en changeant de ton.

On comprend d'ailleurs que s'il est possible de réaliser deux basses et deux harmonies sous un chant, il n'y a cependant qu'une de ces formules qui convienne d'une manière absolue ; seulement ces légères nuances, lorsqu'on n'en abuse point, donnent à la composition plus de variété et d'éclat.

Accompagnement.

L'harmonie *espacée* est ce que, dans la pratique musicale, comme dans le langage ordinaire, on appelle à proprement parler l'*accompagnement*.

Nous savons déjà qu'on ne tient pas compte des notes accidentelles pour la formation de l'harmonie. On tient compte des notes réelles, mais la plupart du temps on ne place pas sous chacune d'elles un accord. L'accompagnement, tout en apportant ses richesses harmoniques à la mélodie, tient auprès d'elle une position inférieure. Elle est sa compagne, mais avec un rang subordonné, pour la mettre en relief et la faire valoir. Ce rôle de l'accompagnement se manifeste surtout dans la musique chantée.

Une observation qui simplifie beaucoup la pratique de l'accompagnement c'est qu'au fond il repose sur l'emploi de deux accords desquels dérivent à peu près tous les autres, l'accord parfait et l'accord de septième de dominante qui forment toujours le fond principal d'une harmonie quelconque.

Au point de vue du rhythme, l'accompagnement peut affecter des formes très-variées qui résultent de la manière dont on dispose les accords. Mentionnons ici seulement :

1° Les *accords plaqués*, c'est-à-dire ceux qu'on répète plusieurs fois sous la même forme, tout en respectant la tonalité ;

2° Les *accords tenus* qui se prolongent au lieu de se répéter ; on les emploie particulièrement à l'orgue où ils donnent à l'accompagnement un caractère religieux et solennel ;

3° Les *accords brisés* dans lesquels la basse se fait entendre avant les autres parties ;

4° Enfin les *accords arpégés* que l'on produit en faisant entendre l'une après l'autre les notes qui constituent les accords de l'harmonie accompagnatrice. — Le mot *arpège* vient de l'italien ARPEGGIO lequel a lui-même pour étymologie le mot ARPA, sans doute parce que ce genre d'accompagnement s'est produit d'abord plus spécialement sur la harpe. Cette forme d'accompagnement, un peu indécise, offre un caractère d'une gravité douce et tendre qui lui donne beaucoup de charme.

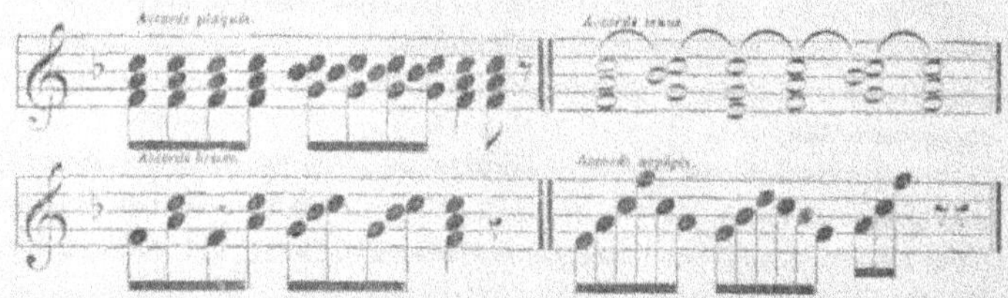

Il est utile d'observer que l'on frappe l'accord sur les temps forts et sur la partie forte des temps afin de mieux marquer la mesure, et quand le rhythme sépare la basse de la partie haute, la basse est frappée comme l'eût été l'accord dans son entier.

Le choix des formes d'accompagnement est abandonné au goût du compositeur; donner une règle quelconque à cet égard serait donc impossible. Quelquefois l'accompagnement devra suivre le rhythme de la mélodie; dans d'autres circonstances il produira plus d'effet en s'en écartant. Ce dernier cas est en résumé le plus ordinaire et il conviendra presque toujours d'accompagner par des accords d'un rhythme lent les chants légers et rapides, et de donner au contraire de la vivacité au dessein de l'accompagnement sous les chants larges et soutenus.

CHAPITRE III

DERNIÈRE LEÇON SUR LES MODULATIONS.

Le complément naturel des leçons qui précèdent serait une série d'exemples mélodiques dans lesquels tout ce que nous avons dit d'essentiel trouverait son application. Nous voudrions pouvoir terminer par des exercices pratiques sur l'emploi des différents accords, leur enchaînement, leur résolution, sur les diverses formules de cadences, sur les notes accidentelles, sur les marches d'harmonie, de même sur ce que nous venons d'exposer en quelques mots rapides à propos de la réalisation de l'harmonie au-dessus de la basse ou sous le chant. Mais une pareille entreprise nous entraînerait au-delà des limites que nous nous sommes tracées et nous nous contenterons de donner ici un de ces exemples en ce qui concerne la matière si importante des modulations.

Le morceau qui suit montrera l'emploi des principaux moyens de modulation indiqués ci-dessus aux chapitres I et X de la deuxième partie. Nous engageons à le lire attentivement et à l'analyser ensuite avec le plus grand soin.

RONDO.

Andantino.
Introduction.
THÈME en UT Majeur.
p
rall
Développements LA Mineur.

Cantando LA Majeur.
Modulation par changement de mode
FA Mineur.
f
p
RÉ Majeur.
rall
1º tempo SOL Majeur.

UT Mineur.
MI♭.
en harmonie SI♯
MI Mineur.
RÉ Majeur.
SOL Majeur.
RÉ Majeur.
SOL Majeur.
p
SOL Mineur.
SI♭.
rall
1º tempo.
SOL Mineur.
RÉ Majeur.
ff

SOL Majeur.
p
UT Majeur.
FINALE.
ff

CONCLUSION

Nous sommes arrivés à la fin de notre travail. Le lecteur qui aura bien voulu parcourir attentivement les quatre-vingt-quatre pages dont se compose cet opuscule restera convaincu sans doute que l'harmonie n'offre pas les difficultés dont on s'effraie trop aisément. Pour toute personne habituée à lire de la musique les combinaisons harmoniques sont en réalité d'une compréhension facile ; pour quelqu'un ayant la pratique de l'orgue ou du piano l'étude de ces combinaisons devient tellement simple que, n'était notre paresse naturelle lorsqu'il s'agit d'une chose exigeant un peu de réflexion, on ne comprendrait pas qu'en France une partie aussi importante de la science musicale soit si généralement ignorée. Chacun se rend bien compte que pour posséder complètement sa langue il ne suffit pas de la lire avec facilité, mais qu'il faut de plus en connaître l'orthographe, la syntaxe et même certaines délicatesses littéraires ; or il n'en est pas autrement de la musique et on n'en a jamais qu'une connaissance plus ou moins imparfaite lorsqu'on n'est point à même de l'écrire avec un peu de régularité.

Les indications sommaires qui précèdent permettront, croyons-nous, d'atteindre, du moins pour l'essentiel, à ce complément d'une bonne instruction musicale, mais à une condition cependant : c'est que le travail vienne développer ces notions forcément restreintes ; c'est que par l'observation, par l'étude des maîtres, par l'analyse des agrégations harmoniques, par des essais d'accompagnement, on cherche l'application des principes dont nous n'avons pu donner que de très-courtes formules. La Providence a voulu soumettre l'homme à cette loi générale que, dans l'ordre intellectuel comme dans l'ordre physique, toute conquête de quelque valeur est pour lui la récompense de l'effort ; notre intelligence découvre les trésors cachés des choses, mais elle est impuissante à les acquérir si nous ne lui donnons l'appui de la volonté.

TABLE

(1) Les chapitres IV et V ne figurent pas, le texte étant réuni au chapitre III.

www.ingramcontent.com/pod-product-compliance
Ingram Content Group UK Ltd.
Pitfield, Milton Keynes, MK11 3LW, UK
UKHW021557260726
13993UKWH00002B/889